MW00508715

O MUNDO DOS SANDUÍCHES DE QUEIJO GRELHADO

100 SANDUÍCHES DE QUEIJO GRELHADO CASEIROS

HERNANDO ARCOS

Todos os direitos reservados.

Isenção de responsabilidade

As informações contidas neste eBook destinam-se a servir como uma coleção abrangente de estratégias que o autor deste eBook pesquisou. Os resumos, estratégias, dicas e truques são apenas recomendações do autor, e a leitura deste e-book não garante que os resultados de alguém reflitam exatamente os resultados do autor. O autor do eBook fez todos os esforços razoáveis para fornecer informações atuais e precisas aos leitores do eBook. O autor e seus associados não se responsabilizam por quaisquer erros ou omissões não intencionais que possam ser encontrados. O material do eBook pode incluir informações de terceiros. Materiais de terceiros são compostos de opiniões expressas por seus proprietários. Como tal,

O ebook é copyright © 2021 com todos os direitos reservados. É ilegal redistribuir, copiar ou criar trabalhos derivados deste eBook no todo ou em parte. Nenhuma parte deste relatório pode ser reproduzida ou retransmitida de qualquer forma sem a permissão expressa por escrito do autor.

TABELA DE CONTEÚDO

INTRODUÇÃO

Por que todos nós amamos sanduíche de queijo grelhado?

Crocantemente tostado ou grelhado até derreter, há poucas coisas mais tentadoras do que um sanduíche de queijo grelhado.

A torrada dourada racha por fora quando você a morde, produzindo seu queijo macio, quente e escorrendo. Você tem uma onda de prazer e um arrepio tanto do proibido quanto do familiar: aquela manteiga de pão crocante e terrosa com sua camada de queijo quente derretido. Queijo e torradas com manteiga podem ser um luxo alimentar nos dias de hoje, talvez até um tabu para alguns; no entanto, sanduíches de queijo grelhado são o equivalente culinário de um cobertor reconfortante. Um sanduíche de queijo grelhado é provavelmente o que sua mãe lhe alimentou, sua escola o alimentou e sua infância o alimentou. E pode ser o que você alimenta a si mesmo e a seus amigos e familiares próximos, pelo menos ocasionalmente.

Sanduíches de queijo grelhado podem ser uma das coisas mais fáceis de fazer, algo que você pode fazer quase a qualquer hora com ingredientes já na sua cozinha, em menos de alguns minutos. Café da manhã, almoço, jantar, depois da escola ou lanche da meia-noite... todos são o momento perfeito para um sanduíche de queijo grelhado.

Faça sanduíches de queijo grelhado

Você realmente não precisa de nenhum gadget especial, embora existam alguns bacanas que criam um exterior crocante com queijo derretido por dentro. Existem prensas que esmagam pãezinhos gordos, ótimos para panini italiano, sanduíches cubanos, sanduíches e queijos grelhados simples. E há sanduicheiras que pressionam as bordas externas do pão com força, com força, com tanta força para envolver o queijo quente derretido. (Estes últimos eram muito populares na Grã-Bretanha na década de 1960; disseram-me que não havia casa sem um.) funciona perfeitamente para rosto aberto.

Embora os sanduíches de queijo grelhado possam ser nada mais do que torradas e queijo, uma pequena guarnição os leva a um outro plano: emocionante, emocionante, ouso dizer, emocionante?

Poucos conseguem resistir a uma tentação tão crocante, dourada e transbordante; Eu sei que nunca posso.

escolha o queijo

O principal critério para escolher o seu queijo é se ele derrete ou não.

Nem todos os queijos derretem. Queijos hispânicos como panela não derretem; nem o anari cipriota, o halloumi, ou um queijo de montanha italiano como aquele que comi uma vez em Assis, assado em fogo aberto. Esses queijos são deliciosos servidos por conta própria, mas são inúteis em sanduíches de queijo grelhado.

Por outro lado, queijos muito cremosos, de sabor delicado, textura suave e aveludada, estão quase derretendo. Eles não mantêm seu caráter e integridade dentro de um sanduíche de queijo grelhado. Combine-os com outro queijo mais firme, mais assertivo e mais picante.

A maioria dos queijos de fatiar firmes são adequados para grelhar e podem ser usados de forma intercambiável com outros de caráter semelhante.

Para ajudá-lo a escolher, aqui está um miniguia de tipos de queijo, categorizados por sabor e textura.

A. QUEIJOS PUROS não passam por um processo de maturação. Estes incluem queijo cottage, cream cheese, mascarpone, queijo de cabra macio, fromage blanc, quark, panir indiano, robiola, queijo cottage espanhol e hispânico, ricota ou queijo de iogurte natural, labna. São macios, leitosos e lisos; se usado em sanduíches de queijo grelhado, eles tendem a ficar soltos, então devem ser combinados com um queijo mais firme e robusto.

B. FRESH MOZZARELLA, por outro lado, foi feito para derreter em sedutoras tiras mastigáveis, estilo pizza. Combina bem com tomate, alho e sabores italianos, bem como salsa mexicana ou especiarias de curry indiano.

C. O QUEIJO FETA é um queijo semi-fresco feito de coalhada prensada; derrete parcialmente e fica delicioso em sanduíches de queijo grelhado quando combinado com outros queijos mais fáceis de derreter, como Jack ou mussarela.

D. QUEIJOS CREME DUPLOS E TRIPLOS são altamente enriquecidos com creme. Para sanduíches de queijo grelhado, é melhor simplesmente colocá-los em camadas na torrada quente e deixá-los derreter suavemente com o calor da torrada, em vez de cozinhá-los em uma frigideira.

E. Os queijos macios, macios e fáceis de derreter são de sabor suave, textura suave e semi-firme. A lista inclui Edam e Gouda holandeses, menonitas hispânicos e Asadero, Bel Paese, Muenster e doméstico ou dinamarquês. Provolone, provatura e scamorza são todos queijos italianos macios, muitas vezes transformados no clássico queijo romano grelhado: são colocados em camadas de pão, cobertos com uma ou duas anchovas e depois grelhados até chiar.

F. OS QUEIJOS MADUROS MACIOS E DE SABOR incluem Reblochon, Tommes, Chaumes e Tomme de Montagne, bem como os queijos do mosteiro. Desenvolvidos ao longo de séculos nos mosteiros da Europa, incluem Port Salut, Saint Paulin, Esrom, Tilsit e Havarti. Eles são ricos e delicados; alguns, como Taleggio e toda a família Stracchino, entram na categoria bastante rica e sempre tão fedorenta, embora deliciosa.

G. QUEIJOS DE ESTILO SUÍÇO normalmente têm casca dura e dura e interiores marcados com buracos causados pela expansão do gás dentro da coalhada de queijo durante o período de maturação.

H. QUEIJOS FRESCOS E COM SABOR COMPLETO são dourados e saborosos, mas não cheiram mal; estes queijos derretem deliciosamente. Eles podem ser leite de vaca, cabra ou ovelha, ou uma combinação dos três. Manchego espanhol, Asiago médio, Mahon, Gouda envelhecido, Idiazabal, Ossau Iraty Brebis, fontina italiana, caciocavallo, Montasio, tomme de Savoie e o delicioso mezzo secco de Ig Vella, ou um Sonoma Jack parcialmente envelhecido, vale a pena procurar.

I. QUEIJOS ESTILO CHEDDAR são alguns dos queijos mais elaborados do mundo. Um bom exemplo de queijo será firme na textura, com um sabor claro e suave. Quando jovem, o Cheddar é suave, mole e um pouco emborrachado; à medida que amadurece, desenvolve uma mordida afiada e ácida, bem como um elemento seco e quebradiço.

J. QUEIJOS INGLESES como Gloucester, Cheshire, Leicester, Lancashire, Derby, Wensleydale e Caerphilly pertencem à família Cheddar. Wensleydale e Caerphilly, no entanto, são mais picantes e quebradiços, menos facilmente derretidos (combiná-los com um queijo mais cremoso para sanduíches de queijo grelhado).

K. QUEIJOS EXTRADUROS, como parmesão, Asiago envelhecido, localli Romano, pecorino (feito com leite de ovelha), queijos de montanha das ilhas gregas como kofalotiri, grana, Jack seco, Sbrinz, Cotija e Enchilado são todos conhecidos por sua dureza excepcional textura e sabor forte e pungente. Alguns, como o parmesão, têm um sabor levemente a noz. A maioria desses queijos precisa ser finamente ralado ou raspado para derretimento ideal.

L. QUEIJOS COM VEIAS AZUIS caracterizam-se por apresentar carne com veios azuis, azul-esverdeados ou verdes, além de aromas picantes e sabores ácidos.

M. QUEIJOS FLORIDOS OU FERRUGADOS FLORIDOS, como Camembert, Brie, Coulommiers e Affinois/pavé d'Affinois, são assim chamados por causa da casca branca clara e lisa que cresce em sua superfície como resultado do tratamento com o esporo candidato Penicillium. O interior destes queijos deve ser macio e cor de feno ou creme rico.

N. QUEIJOS DE CABRA E OVELHA têm um sabor distintamente diferente dos queijos de leite de vaca. Em geral, eles têm um cheiro de curral. Eles podem ser frescos e picantes, ou formados e envelhecidos em uma variedade de formas e tamanhos.

O. QUEIJOS TEMPERADOS OU SABOROSOS podem ser atrevidos e vulgares em uma tábua de queijos, mas derretem perfeitamente entre coberturas de pão.

P. QUEIJOS FUMADOS podem ser qualquer tipo de queijo, tratados com fumaça de lenha. Provolone e mussarela defumam muito bem (e ficam especialmente bons em um sanduíche com cebola caramelizada em um pouco de vinagre balsâmico).

Q. QUEIJOS DE CHEIRO FORTE, como Limburger, Stinky Bishop, Maroilles, Livarot, Pont l'Eveque e Epoisses, podem não ser adições sociais a todos os sanduíches de queijo grelhado, mas cabem entre fatias finas de pão de centeio preto integral fatiado. tão fino quanto papel de cebola, ou em camadas em uma baguete torrada.

R. O QUEIJO PROCESSADO é geralmente feito com um ou dois tipos diferentes de queijo misturados, depois girados e aquecidos. Como resultado, seu processo de maturação é interrompido. Nunca pode desenvolver um caráter individual, porque os microorganismos que criam essas coisas se perdem no processamento.

QUEIJO GRELHADO

1. Ricota Granola Crumble de Queijo Grelhado

Ingredientes:

- 15 onças de ricota
- 4 ovos
- 1/2 xícara de leite
- 8 fatias de pancetta
- 1 cebola roxa pequena, em fatias finas
- 5 colheres de sopa de manteiga amolecida, dividida
- 1/2 xícara de açúcar mascavo
- 2 xícaras de granola
- 8 fatias de pão de canela

Endereços;

a) Bata os ovos com o leite e reserve.

b) Adicione a pancetta à frigideira pré-aquecida e cozinhe até ficar crocante em fogo médio-alto. Retire e reserve.

c) Coloque as cebolas na panela pré-aquecida com 1 colher de manteiga. Quando as cebolas começarem a cozinhar, adicione o açúcar mascavo e cozinhe até ficarem macias.

d) Adicione a granola a uma tigela e coloque ao lado da tigela de ovo.

e) Arrume as fatias de pão e unte um lado de cada fatia com manteiga, usando 2 colheres de sopa de manteiga no total. No lado sem manteiga, espalhe uma camada grossa de ricota.

f) Cubra a ricota com as cebolas e a pancetta e cubra com a fatia de pão restante. Quando fechado, mergulhe o sanduíche inteiro na mistura de ovos e transfira para a granola para cobrir completamente todos os lados.

g) Pré-aqueça uma frigideira antiaderente e derreta 2 colheres de manteiga em fogo médio-baixo. Quando a manteiga estiver derretida, adicione o sanduíche e cozinhe por cerca de 90 segundos, pressionando com uma espátula. Vire e repita até ficar crocante. Retire, corte e sirva.

2. Lasanha de Queijo Grelhado

Ingredientes:

- 16 oz. Mussarela, fatiada
- 15 onças de ricota
- 2 colheres de sopa de queijo parmesão ralado, dividido 1/2 colher de chá de pimenta preta
- 1 colher de chá de alho fresco, picado
- 16 oz. Carne moída
- 1 colher de sopa de manjericão fresco, misturado
- 8 fatias de pão italiano
- 2 colheres de manteiga amolecida
- 1 colher de chá de alho em pó
- 16 oz. molho de tomate, dividido

Endereços;

a) Em uma tigela, misture a ricota, 1 colher de sopa de queijo parmesão, pimenta preta, alho e manjericão. Deixou de lado.

b) Aqueça uma frigideira grande em fogo médio-alto. Cozinhe e mexa a carne moída até dourar completamente, cerca de 7 a 10 minutos.

c) Coloque o pão, unte um lado e polvilhe com alho em pó e o restante do parmesão.

d) No lado sem manteiga de 4 pedaços, espalhe a mistura de ricota (cerca de 1-2 colheres de sopa em cada pedaço). Disponha a carne moída cozida em cima da ricota, seguida das fatias de mussarela. Nas 4 peças restantes, espalhe 1-2 colheres de molho de tomate e coloque em cima da mussarela para fechar os sanduíches.

e) Transfira para uma frigideira pré-aquecida em fogo médio e cozinhe por cerca de 90 segundos, pressionando com uma espátula. Vire e repita até que o queijo esteja derretido e dourado.

f) Retire, corte e sirva com o molho de tomate restante para mergulhar ou cobrir o sanduíche.

3. Queijo grelhado italiano clássico

Ingredientes:

- 16 oz. Mussarela, fatiada
- 2 colheres de queijo parmesão ralado
- 4 rissóis de salsicha
- 1 pimentão verde, em fatias finas
- 1 pimentão vermelho, em fatias finas
- 1 cebola pequena, em fatias finas
- 1/4 xícara de azeite
- 3/4 colheres de chá de alho em pó
- 8 fatias de pão italiano
- 2 colheres de manteiga amolecida

Endereços;

a) Cozinhe os hambúrgueres de salsicha a uma temperatura interna de 165 graus F na grelha ou em uma grelha.

b) Disponha os pimentões e as cebolas fatiados em uma assadeira. Unte levemente com azeite e polvilhe com alho em pó. Asse a 375 graus F por 10 minutos até amolecer.

c) Arrume as fatias de pão e espalhe a manteiga de um lado. Tempere o lado amanteigado com alho em pó e queijo parmesão.

d) No lado sem manteiga, coloque a mussarela, o hambúrguer de salsicha, o pimentão e a cebola e finalize com mais mussarela.

e) Feche o sanduíche e coloque-o em uma frigideira antiaderente em fogo médio. Cozinhe por cerca de um minuto, pressionando com uma espátula.

f) Vire e repita até que o queijo esteja derretido e dourado. Retire, corte e sirva.

4. Almôndegas de queijo grelhado mediterrâneo

Ingredientes:

- 16 oz. Mussarela, fatiada
- 15 onças de ricota
- 2 colheres de sopa de queijo parmesão, dividido
- 8 fatias de pão italiano, corte grosso
- 2 colheres de manteiga amolecida
- 16 oz. molho de tomate
- 4 onças. molho pesto ou 12-16 folhas de manjericão fresco, misturadas com 1/4 xícara de azeite
- 2 ramos de hortelã fresca (aprox. 12-16 folhas), picado
- 8 – 2 onças de almôndegas congeladas (cozidas), fatiadas

Endereços;

a) Disponha as fatias de pão. Unte um lado de cada um com manteiga e polvilhe 1 colher de sopa de queijo parmesão nos lados com manteiga.

b) Vire e, nos lados sem manteiga, espalhe o molho de tomate e uma camada grossa de ricota. Espalhe o pesto sobre o queijo, seguido de hortelã picada e queijo parmesão restante. Em seguida, coloque as fatias de almôndega e cubra com a mussarela.

c) Feche o sanduíche e leve-o para uma frigideira antiaderente média pré-aquecida. Cozinhe por cerca de 90 segundos, pressionando com uma espátula. Vire e repita até que o queijo esteja derretido e dourado. Retire, corte e sirva.

5. Pesto de espinafre e queijo grelhado com abacate

Ingredientes:

- 16 oz. Mussarela, fatiada
- 15 onças de ricota
- 1 colher de sopa de queijo parmesão ralado
- 2 colheres de sopa de manjericão fresco, finamente picado
- 8 fatias de pão de centeio marmorizado
- 2 colheres de manteiga amolecida
- 1 - 8 onças. pacote de espinafre congelado, descongelado e escorrido
- 2 abacates (maduros), sem caroço e fatiados

Endereços;

a) Em uma tigela pequena, misture a ricota, o pesto e o queijo parmesão e misture com um garfo até ficar homogêneo. Dobre para fazer ricota extra fofinha. Deixou de lado.

b) Arrume as fatias de pão e espalhe a manteiga em um lado de cada pedaço.

c) Espalhe 1-2 colheres de sopa da mistura de ricota no lado sem manteiga de 4 fatias.

d) Pique o espinafre e coloque do lado da ricota, seguido do abacate e da mussarela.

e) Feche o sanduíche e coloque-o em uma frigideira média pré-aquecida. Cozinhe por cerca de 90 segundos, pressionando com uma espátula. Vire e repita até que o queijo esteja derretido e dourado. Retire, corte e sirva.

6. Morango Manjericão Presunto Queijo Grelhado

Ingredientes:

- 12 oz. mussarela fresca, fatiada

- 8 fatias de pão branco, corte grosso

- 2 colheres de manteiga amolecida

- 8 morangos frescos (médios a grandes), em fatias finas

- 12 folhas frescas de manjericão, inteiras

- 8 fatias de presunto, cortadas em fatias finas

- 2 onças. esmalte balsâmico

Endereços;

a) Coloque as fatias de pão e manteiga em um lado de cada um.

b) No lado sem manteiga, cubra com mussarela fresca, morangos, folhas de manjericão e presunto. Regue com o glacê balsâmico; coloque o pão restante por cima e transfira para uma frigideira antiaderente pré-aquecida. Cozinhe por cerca de um minuto, pressionando com uma espátula. Vire e repita até dourar.

c) Retire, regue com mais esmalte balsâmico por cima, se desejar, fatie e sirva.

7. Queijo grelhado com manteiga de ricota e geleia

Ingredientes:

- 15 onças de ricota

- 4 colheres de sopa de manteiga de amêndoa

- 2 colheres de chá de mel

- 12 fatias de pancetta (pode ser substituído por bacon)

- 8 fatias de pão branco, corte grosso

- 2 colheres de manteiga amolecida

- 8 colheres de geleia de morango ou geleia

Endereços

a) Em uma tigela pequena, misture a manteiga de amêndoa, o mel e a ricota. Deixou de lado.

b) Cozinhe a pancetta até ficar crocante.

c) Arrume as fatias de pão e espalhe a manteiga em um lado de cada pedaço. Vire o pão e do lado sem manteiga, espalhe a mistura de ricota/manteiga de amêndoa, seguida de geleia/compota e depois a pancetta.

d) Feche o sanduíche e leve-o a uma frigideira pré-aquecida em fogo baixo a médio.

e) Cozinhe por cerca de 90 segundos, pressionando com uma espátula, vire e repita até dourar. Retire, corte e sirva.

8. Queijo grelhado de frango de búfala

Ingredientes:

- 16 oz. Mussarela, fatiada

- 4 - 4 onças de peito de frango desossado, fatiado 1/4 xícara de óleo vegetal 1/2 xícara de molho picante

- 1 talo de aipo, pequeno

- 1 cenoura, pequena

- 8 fatias de pão branco

- 2 colheres de manteiga amolecida

- 1 xícara de molho de queijo azul

Endereços

a) Coloque o frango em um prato. Cubra os dois lados com o óleo e coloque em uma grelha ou frigideira pré-aquecida. Cozinhe a uma temperatura interna de 165 graus F, aprox. 3 minutos de cada lado. Retire da grelha e coloque no molho quente. Deixou de lado.

b) Corte o aipo em pedaços pequenos. Descasque a cenoura e rale-a com um ralador de caixa.

c) Pegue 8 fatias de pão, passe a manteiga de um lado e o queijo azul do outro. No lado do queijo azul, coloque a mussarela, frango, aipo, cenoura e finalize com mais mussarela.

d) Cubra com o outro pedaço de pão e coloque em uma frigideira antiaderente em fogo médio. Cozinhe por cerca de um minuto, pressionando com uma espátula.

e) Vire e repita até que o queijo esteja derretido e dourado. Retire, corte e sirva.

9. Pizza vegetariana com queijo grelhado

Ingredientes:

- 16 oz. Mussarela, fatiada
- 15 onças de ricota
- 4 colheres de sopa de queijo parmesão, dividido
- 1 berinjela, pequena
- 2 pimentões vermelhos
- 1 abobrinha, grande
- 3/4 xícara de azeite, dividido
- 1 colher de chá de alho fresco, picado
- crostas de pizza de 4 a 8 polegadas, pré-cozidas
- 1 ramo de alecrim fresco, sem talo e finamente picado

Endereços

a) Pré-aqueça o forno a 375 graus F.

b) Descasque a berinjela e corte em fatias de 1/4 de polegada. Corte o pimentão e a abobrinha em fatias de 1/4 de polegada. Disponha os legumes em uma assadeira e unte levemente com azeite. Asse no forno a 375 graus por 15-20 minutos até ficar macio.

c) Em uma tigela, adicione a ricota, o alho e metade do queijo parmesão e misture com um garfo até ficar homogêneo. Dobre para fazer ricota extra fofinha. Deixou de lado.

d) Coloque a massa de pizza pré-assada e cubra levemente com o azeite restante. Polvilhe um lado com o alecrim picado e o queijo parmesão restante. Vire e do lado sem tempero espalhe a mistura de ricota. Deixou de lado.

e) Quando os legumes estiverem prontos, monte o sanduíche colocando a berinjela, a abobrinha e o pimentão em cima de metade da massa de ricota seguida da mussarela. Feche e coloque em uma frigideira pré-aquecida ou frigideira antiaderente em fogo baixo a médio. Certifique-se de que a forma é maior que a crosta.

f) Cozinhe por cerca de 90 segundos, pressionando com uma espátula. Vire e repita até dourar e o queijo derreter completamente. Retire, corte e sirva.

10.   Queijo grelhado com frango e waffles

Ingredientes:

- 16 oz. Mussarela, fatiada
- 12 fatias de pancetta, cortadas em fatias finas
- 1 colher de sopa de xarope de bordo
- 1/2 xícara de maionese
- 2 pêssegos frescos (ou 1 lata pequena de pêssegos escorridos)
- 8 waffles congelados
- 2 colheres de manteiga amolecida
- 4 - 4 onças de peito de frango desossado
- 1 xícara de farinha
- 1 xícara de molho ranch de leitelho
- 2 xícaras de óleo vegetal

Endereços

a) Cozinhe a pancetta em uma frigideira antiaderente até ficar levemente crocante.

b) Misture a calda e a maionese e reserve.

c) Corte os pêssegos em fatias finas.

d) Disponha os waffles e a manteiga em um lado de cada um. Vire e espalhe a mistura de maionese no lado sem manteiga dos waffles.

e) Enfarinhe o frango, em seguida, mergulhe o frango no molho ranch e, em seguida, mergulhe-o de volta na farinha.

f) Leve o óleo vegetal ao fogo médio na frigideira e cozinhe o frango até dourar dos dois lados e a temperatura interna atingir 165 graus.

g) No lado da maionese do waffle, coloque a mussarela, o frango, a pancetta, os pêssegos e finalize com mais mussarela e outro waffle.

h) Em uma frigideira antiaderente em fogo médio, cozinhe por um minuto, pressionando com uma espátula. Vire e repita até que o queijo esteja derretido e dourado. Retire, corte e sirva.

11.   Queijo Cheddar Grelhado e Sourdough

Rende 1 porção

Ingredientes:

- 2 pedaços de pão de forma
- 1 $\frac{1}{2}$ colheres de sopa de manteiga sem sal
- 1 $\frac{1}{2}$ colheres de sopa de maionese
- 3 fatias de queijo cheddar

Endereços

a) Em uma tábua de corte, unte cada pedaço de pão de um lado.

b) Vire o pão e espalhe cada pedaço de pão com maionese.

c) Coloque o queijo no lado com manteiga de um pedaço de pão. Cubra com a segunda fatia de pão, com o lado da maionese para fora.

d) Aqueça uma frigideira antiaderente em fogo médio-baixo.

e) Coloque o sanduíche na assadeira, com a maionese voltada para baixo.

f) Cozinhe por 3-4 minutos, até dourar.

g) Usando uma espátula, vire o sanduíche e continue cozinhando até dourar, cerca de 2-3 minutos.

12.   sanduíche de queijo derretido

desempenho 2

Ingredientes:

- 4 fatias de pão branco
- 3 colheres de sopa de manteiga, divididas
- 2 fatias de queijo cheddar

Endereços

a) Pré-aqueça a frigideira em fogo médio.

b) Unte generosamente com manteiga um lado de uma fatia de pão. Coloque o lado da manteiga para baixo no fundo da forma e adicione 1 fatia de queijo.

c) Unte uma segunda fatia de pão com manteiga de um lado e coloque-a com a manteiga para cima em cima do sanduíche.

d) Grelhe até dourar levemente e vire; continue grelhando até o queijo derreter.

e) Repita com as restantes 2 fatias de pão, manteiga e fatia de queijo.

13.   Espinafre e endro Havarti no pão

ELE SERVE4

Ingredientes:

- 8 fatias finas de pão branco italiano rústico
- 3-4 colheres de sopa de pasta de trufa branca ou outra trufa ou porcini trufado
- 4 onças de queijo Taleggio, fatiado
- 4 onças de queijo fontina, fatiado Manteiga macia para espalhar no pão

Endereços

a) Espalhe levemente 1 lado de cada fatia de pão com pasta de trufas. Cubra 4 das fatias com Taleggio e fontina, depois cubra cada uma com outra pasta de trufas e espalhe no pão.

b) Unte levemente a parte externa de cada sanduíche e, em seguida, aqueça uma prensa panini ou frigideira antiaderente pesada em fogo médio-alto.

c) Doure os sanduíches, virando uma ou duas vezes, até que o pão esteja crocante e dourado e o queijo derretido.

d) Sirva de imediato, perfumado com trufas e queijo derretido a escorrer, cortado em quartos ou em barras delicadas.

14.   Jack grelhado no centeiocom mostarda

ELE SERVE4

Ingredientes:

- 2 colheres de sopa de tapenade de azeitona verde

- 3 colheres de sopa de mostarda Dijon suave

- 8 fatias de pão de centeio sem sementes

- 8-10 onças de queijo Jack ou outro queijo branco macio (como Havarti ou Edam), fatiado

- Azeite para pincelar o pão

Endereços

a) Misture a tapenade com a mostarda em uma tigela pequena.

b) Disponha o pão e espalhe 4 das fatias de um lado com a mostarda tapenade a gosto. Cubra com o queijo e a segunda fatia de pão e pressione bem.

c) Pincele levemente a parte externa de cada sanduíche com o azeite e depois doure em uma sanduicheira, prensa panini ou frigideira antiaderente pesada.lastradopara prensar os sanduíches enquanto douram.

d) Cozinhe em fogo médio-alto até ficar levemente crocante por fora e o queijo derretido por dentro.

e) Sirva quente e escaldante, dourado.

15. Radicchio e Roquefort em Pain-au-Levain

ELE SERVE4

Ingredientes:

- 6-8 onças de queijo Roquefort

- 8 fatias finas de pão pain au levain ou pão azedo

- 3 colheres de sopa de nozes torradas picadas grosseiramente

- 4-8 folhas grandes de radicchio

- Azeite para pincelar ou manteiga amolecida para passar no pão

Endereços

a) Espalhe o queijo Roquefort uniformemente nas 8 fatias de pão.

b) Polvilhe 4 das fatias de queijo com nozes e cubra cada uma com um pedaço ou 2 de radicchio; use folhas suficientes para espiar pelas bordas. Cubra cada um com um segundo pedaço de pão de queijo e pressione para selar. Pincele a parte externa com óleo ou manteiga.

c) Aqueça uma frigideira antiaderente pesada ou uma prensa panini em fogo médio-alto. Disponha os sanduíches na forma, trabalhando em 2 porções, dependendo do tamanho da forma.

Reduza o peso de acordo comdica sobree cozinhe, virando uma ou duas vezes, até o pão ficar crocante e o queijo derreter.

d) Sirva imediatamente, cortado em metades ou quartos.

16.   Queijo grelhado com alho no centeio

ELE SERVE4

Ingredientes:

- 4 fatias grandes e grossas de pão de centeio integral

- 4 dentes de alho, cortados ao meio

- 4-6 onças de queijo feta, em fatias finas ou desintegrado

- 2 colheres (sopa) de cebolinha fresca ou cebolinha picada

- Cerca de 6 onças de queijo derretido branco macio, em fatias finas ou desfiado, como Jack, Asiago médio ou Chaume

Endereços

a) Pré-aqueça a grelha.
b) Torre levemente o pão em uma assadeira sob a grelha. Esfregue os dois lados com alho. Pique o alho restante e reserve por um momento.
c) Arrume o queijo feta na torrada com alho, polvilhe com o restante do alho picado, depois a cebolinha e cubra com o segundo queijo.
d) Grelhe até que o queijo esteja derretido e crepitante, levemente dourado em alguns pontos

e as bordas da torrada estejam crocantes e douradas.

e) Sirva imediatamente, quente e escorrendo.

17.   britânicoQueijo derretido e picles

ELE SERVE4

Ingredientes:

- 4 fatias de pão branco ou integral saboroso e saudável

- Cerca de 3 colheres de sopa de picles, picados grosseiramente

- 6-8 onças Cheddar afiado maduro ou queijo Cheshire inglês, fatiado

Endereços

a) Pré-aqueça a grelha.

b) Coloque o pão em uma assadeira. Torre levemente sob a grelha, em seguida, retire e espalhe o picles generosamente no pão levemente torrado; cubra com queijo e coloque em grelha até o queijo derreter.

18.   mussarela fresca, Presunto e geleia de figo

ELE SERVE4

Ingredientes:

- 4 pãezinhos franceses ou italianos macios (ou assados médio, se disponível)

- 10-12 onças de queijo mussarela fresco, em fatias grossas

- 8 onças de presunto, em fatias finas

- $\frac{1}{4}$-$\frac{1}{2}$ xícara de geléia de figo ou compota de figo, a gosto

- Manteiga macia para passar no pão

Endereços

a) Divida cada rolinho e cubra com a mussarela e o presunto. Espalhe as fatias de cima com a geleia de figo e feche.

b) Passe manteiga na parte externa de cada sanduíche.

c) Aqueça uma frigideira antiaderente pesada ou uma prensa panini em fogo médio-alto. Disponha os sanduíches na forma, trabalhando em dois lotes, dependendo do tamanho da forma. aperte osanduíchesou feche a grelha e doure, virando uma ou duas vezes, até o pão ficar crocante e o queijo derreter. Embora os rolos comecem redondos, uma vez pressionados, são consideravelmente mais planos e podem ser facilmente, embora com cuidado, virados.

d) Sirva imediatamente, corte na diagonal.

19. Raro Rosbife com Queijo Azul

ELE SERVE4

Ingredientes:

- 4 pãezinhos de massa levedada ou doce (ou se houver, 1 médiojunquilho, cortado em 4 porções)

- 10-12 onças de queijo azul, à temperatura ambiente para facilitar a propagação

- 8-10 onças de rosbife mal passado, em fatias finas

- um punhado de folhas de agrião

- Manteiga macia para passar no pão

Endereços

a) Divida cada rolo e espalhe generosamente com queijo azul de cada lado. Em cada rolinho, coloque o rosbife, depois as folhas de agrião e feche novamente, pressionando bem para fechar.

b) Passe manteiga na parte externa de cada sanduíche.

c) Aqueça uma frigideira antiaderente pesada, ou prensa panini, em fogo médio-alto.

d) Disponha os sanduíches na forma, trabalhando em 2 porções, dependendo do tamanho da forma.
e) Reduza o peso de acordo comDicae cozinhe, virando uma ou duas vezes, até o pão ficar crocante e o queijo derreter.
f) Sirva imediatamente, corte na diagonal.

20.   Leicester vermelhocom cebola

ELE SERVE4

Ingredientes:

- 8 fatias finas de trigo integral macio, bagas de trigo germinadas, endro ou pão branco saudável, como pão de batata

- $\frac{1}{2}$ cebola média, descascada e cortada em fatias bem finas transversalmente

- 10-12 onças de queijo cheddar suave

- Azeite para pincelar ou manteiga amolecida para passar no pão

- Uma mostarda de eleição suave, corajosa e muito interessante.

Endereços

a) Espalhe as fatias de pão. Cubra 4 pedaços de pão com uma única camada de cebola, depois queijo suficiente para cobrir completamente o pão e a cebola. Cubra cada um com as fatias de pão restantes para formar sanduíches e pressione bem.

b) Pincele fora dos sanduíches com azeite ou espalhe com manteiga amolecida.

c) Aqueça uma frigideira antiaderente pesada ou uma prensa de sanduíche em fogo médio-alto, adicione os sanduíches e reduza o fogo para médio. Colocar umpeso em cimase estiver usando uma frigideira, abaixe o fogo se ameaçar queimar você. Verifique de vez em quando; quando estiverem dourados e lascados de um lado, vire-os, pese-os e doure o outro lado.

d) Sirva imediatamente, cortado em fatias ou triângulos, acompanhado de mostarda para barrar.

21. Espinafre e endro Havartino pão

ELE SERVE4

Ingredientes:

- 2 dentes de alho, picados

- 2 colheres de sopa de azeite extra virgem, dividido

- 1 xícara de espinafre, cozido, picado, escorrido e espremido

- 8 fatias de pão multigrãos ou 1 pedaço de focaccia, cerca de 12 × 15 polegadas, cortados horizontalmente

- 8 onças de endro Havarti, fatiado

Endereços

a) Em uma frigideira antiaderente pesada em fogo médio-baixo, aqueça o alho em 1 colher de sopa de azeite, adicione o espinafre e cozinhe juntos um momento ou dois para aquecer.

b) Em 4 fatias de pão (ou na camada inferior da focaccia), coloque o queijo, depois cubra com o espinafre e uma segunda fatia de pão (ou a parte superior da focaccia).

c) Pressione para selar bem e, em seguida, escove levemente fora dos sanduíches com o azeite restante.
d) Doure os sanduíches na frigideira,ponderando sobre eles, ou em uma prensa panini em fogo médio-alto. Cozinhe até ficar levemente crocante e dourado de um lado, depois vire e doure o outro lado. Quando o queijo derreter o sanduíche está pronto.
e) Sirva imediatamente, corte na diagonal.

22.   cara abertaqueijo cheddar grelhado&picles de endro

ELE SERVE4

Ingredientes:

- 4 fatias de pão branco de boa qualidade

- 6-8 onças de queijo Cheddar maduro, em fatias finas

- 1-2 picles de endro doce ou kosher, em fatias finas

Endereços

a) Pré-aqueça a grelha.
b) Torre levemente o pão sob a grelha e cubra cada fatia com um pouco de queijo, picles e mais queijo. Grelhe até o queijo derreter e as bordas do pão ficarem crocantes e douradas.
c) Sirva imediatamente, cortado em quartos.

23.   Especial Bar do Harry

AG 12; ELE SERVE4

Ingredientes:

- 6 onças Gruyère, Emmentaler ou outro queijo suíço, ralado grosso

- 2-3 onças de presunto defumado em cubos

- Uma pitada generosa de mostarda seca.

- Alguns shakes de molho Worcestershire

- 1 colher de sopa de creme de leite ou creme de leite, ou o suficiente para manter tudo junto

- 8 fatias muito finas de pão branco denso, crostas aparadas

- Azeite para pincelar ou manteiga amolecida para passar no pão

Endereços

a) Em uma tigela média, misture o queijo com presunto defumado, mostarda e molho inglês. Misture bem e, em seguida, misture o creme de leite, adicionando apenas o suficiente para formar uma mistura firme e firme.

b) Espalhe a mistura muito grossa de presunto e queijo sobre 4 pedaços de pão e cubra com os outros 4. Pressione bem e corte os sanduíches em 3 dedos cada.

c) Pincele a parte externa dos sanduíches com azeite e depois doure em fogo médio-alto em uma frigideira antiaderente pesada, pressionando com a espátula enquanto cozinham. Quando estiverem levemente crocantes no primeiro lado, vire-as e doure o segundo lado.

d) Sirva quente, imediatamente.

24. crostinialla Carnevale

AG 16; ELE SERVE4

Ingredientes:

- 16 fatias finas de baguete, cortadas na diagonal e de preferência um pouco velhas

- 2 colheres de azeite extra virgem

- 3 dentes de alho, picados, divididos

- 4 onças de queijo ricota

- 4 onças de queijo macio Asiago, Jack ou Fontina, cortado em cubos, picado grosseiramente ou desfiado

- 6-8 tomates cereja, cortados em quatro ou em cubos

- 2 colheres de sopa de pimentão vermelho assado picado

- 1-2 colheres de sopa de pesto de manjericão

Endereços

a) Pré-aqueça a grelha.
b) Misture as fatias de baguete com o azeite em uma tigela e arrume em uma única camada em uma assadeira ou assadeira. Torre na grelha por

cerca de 5 minutos, ou até dourar levemente.
Retire e misture a torrada com metade do alho.
Deixou de lado.

c) Em uma tigela pequena, misture o alho restante
com queijo ricota, Asiago, tomate cereja,
pimentão e pesto.

d) Cubra cada torrada com uma grande quantidade
de recheio. Coloque-os na assadeira e coloque-os
sob a grelha até que o queijo derreta e chie e as
bordas da torrada estejam crocantes e
douradas.

e) Sirva imediatamente.

25.   Bruschetta de uma oliveira

Ingredientes:

- 4 fatias de pain au levain ou outro pão rústico, cortado em 4 a 6 pedaços por fatia

- 2 dentes de alho

- Cerca de 1 colher de sopa de azeite extra virgem

- 4 onças de queijo feta, raspas de 1 limão

- 4 onças de queijo derretido macio, como Jack, fontina ou Asiago macio, em fatias finas ou desfiado

- Cerca de 3 onças de rúcula bebê

Endereços

a) Pré-aqueça a grelha.
b) Torre levemente o pão sob a grelha. Retire do fogo e esfregue os dois lados com alho.
c) Coloque las tostadas frotadas con ajo en una bandeja para hornear y rocíe muy ligeramente con un poco de aceite de oliva, luego coloque una capa sobre el queso feta, espolvoree con la ralladura de limón, cubra con el queso Jack y

agregue una llovizna final de azeite de oliva. Grelhe até que o queijo esteja derretido e borbulhando ligeiramente.

d) Sirva imediatamente, cada pequeno sanduíche de queijo grelhado coberto com um pequeno punhado de folhas de rúcula.

26. Blue Cheese e Gruyère Casse Croûte

ELE SERVE4

Ingredientes:

- 1 baguete, cortada longitudinalmente e ligeiramente escavada

- 2-3 colheres de sopa de manteiga amolecida para espalhar no pão

- 1-2 colheres de sopa de vinho branco seco

- 3-4 dentes de alho picados

- 8-10 onças de queijo azul salgado

- 8-10 onças de Gruyère

- noz-moscada ralada

Endereços

a) Pré-aqueça a grelha.
b) Pincele as metades da baguete levemente por dentro com a manteiga, depois polvilhe com um pouco de vinho branco e um pouco de alho. Faça uma camada sobre os queijos, finalizando com uma camada de Gruyère e finalizando com uma

noz-moscada ralada, o restante do alho e mais algumas gotas de vinho.

c) Grelhe os sanduíches até que o queijo esteja derretido e crepitante e as bordas do pão estejam crocantes e douradas.

d) Corte em pedaços de alguns centímetros de comprimento e sirva imediatamente.

27. Comté trufado crocantecom chanterelles pretos

ELE SERVE4

COBERTURAS PRETAS SALTEADAS

Ingredientes:

- 1 onça de cogumelos chanterelle pretos frescos ou $\frac{1}{2}$ onça secos

- 6 colheres de manteiga sem sal

- $\frac{1}{4}$ xícara de caldo de cogumelos ou vegetais

- 2 colheres de sopa de óleo de trufas negras ou a gosto

sanduíches

- 1 baguete, cortada em fatias finas em uma ligeira diagonal

- 8 onças de queijo Comté, fatiado com cerca de 1/8 de polegada de espessura e cortado para caber em pequenas fatias de baguete

- 1-2 colheres de sopa de azeite extra virgem para pincelar o pão

- 1-2 dentes de alho, picados

- 1-2 colheres de sopa de cebolinha fresca picada ou salsa de folha plana

Endereços

a) TOu faça os chanterelles salteados: se estiver usando cogumelos frescos, lave e seque e pique finamente. Se estiver usando cogumelos secos, despeje o caldo de cogumelos, aquecido até ferver, sobre os cogumelos para reidratar. Deixe repousar, coberto, por cerca de 30 minutos ou até ficar macio e maleável. Retire do líquido e escorra, reservando o líquido para o cozimento abaixo. Pique os cogumelos reidratados e proceda como se fossem frescos.

b) Aqueça a manteiga em fogo médio em uma frigideira antiaderente pesada; Quando derreter e dourar, adicione os cogumelos e refogue alguns momentos na manteiga quente. Despeje o caldo e cozinhe em fogo médio-alto até que o líquido esteja quase completamente evaporado, 5 a 7 minutos. Retire do fogo e despeje em uma tigela. Deixe esfriar por alguns minutos, em seguida, adicione o azeite de trufas e mexa bem, misturando vigorosamente.

c) Disponha as fatias de baguete; espalhe metade deles com a mistura de cogumelos trufados, depois cubra com fatias de queijo e, finalmente, os pedaços restantes de baguete. Pressione bem; os sanduíches, por serem pequenos e com recheio relativamente seco, tendem a desmanchar. No entanto, uma vez que os sanduíches são dourados, o queijo derrete e os mantém juntos.

d) Pincele levemente a parte externa de cada sanduíche com o azeite. Aqueça uma frigideira antiaderente pesada em fogo médio-alto e adicione os sanduíches, trabalhando em lotes conforme necessário. Cubra com umpesoe reduza o fogo para médio ou médio-baixo. Doure os sanduíches, virando uma ou duas vezes, até que o pão esteja crocante e dourado e o queijo derretido. Polvilhe com um pouco de alho e cebolinha e sirva.

e) Polvilhar o alho antes de removê-lo da panela mantém o alho cru apimentado e picante, então cada pequeno sanduíche tem gosto de um crouton de alho recheado com queijo e trufas. Repita com os sanduíches restantes, removendo qualquer sobra de alho da panela para que não queime na próxima rodada de dourar o sanduíche.

28. Torrada de Queijo de Cabra com especiarias

AG 12; ELE SERVE4

Ingredientes:

- 12 fatias finas de baguete, de preferência um pouco velha

- azeite extra virgem

- 3-4 onças de queijo de cabra levemente envelhecido

- Cerca de $\frac{1}{4}$ colher de chá de cominho moído

- $\frac{1}{2}$ colher de chá de tomilho

- $\frac{1}{4}$-$\frac{1}{2}$ colher de chá de páprica

- Cerca de 1/8 colher de chá de coentro moído

- 2 dentes de alho, picados

- 1-2 colheres de sopa de coentro fresco picado

Endereços

a) Pré-aqueça a grelha.
b) Pincele as fatias de baguete com azeite, disponha em uma única camada em uma assadeira e toste levemente sob o frango de cada lado.

c) Cubra as fatias de baguete tostadas com queijo e polvilhe com cominho, tomilho, páprica, coentro e alho picado. Regue com azeite e grelhe até que o queijo esteja levemente derretido e dourado em alguns lugares.

d) Polvilhe com o coentro e sirva imediatamente.

29.   sanduíches de queijo azule geleia de beterraba

DOCE DE BETERRABA COM GENGIBRE

Ingredientes:

- 3 beterrabas vermelhas médias-grandes (16 a 18 onças no total), inteiras e com casca

- 1 cebola cortada em quatro, mais $\frac{1}{2}$ cebola picada

- $\frac{1}{2}$ xícara de vinho tinto

- Cerca de $\frac{1}{4}$ xícara de vinagre de vinho tinto

- Cerca de 2 colheres de açúcar

- 2 colheres de sopa de passas ou figos secos picados

- Cerca de $\frac{1}{2}$ colher de chá de gengibre fresco descascado picado

- Uma pitada de cinco especiarias em pó, cravo ou pimenta da Jamaica

sanduíches

- 16 fatias diagonais muito finas de baguete velha ou ciabatta velha em fatias finas

- 6 onças de queijo azul

- Cerca de 1 colher de sopa de azeite para pincelar o pão

- Cerca de 2 xícaras (3 onças) de agrião

Endereços

a) Pré-aqueça o forno a 375 ° F.

b) Para fazer a geleia de beterraba:Arrume as beterrabas, a cebola cortada em quatro e o vinho tinto em uma assadeira grande o suficiente para caber com alguns centímetros de espaço entre eles. Cubra a assadeira com papel alumínio e leve ao forno por uma hora ou até que as beterrabas estejam macias. Retire, descubra e deixe esfriar.

c) Quando esfriar, tire a pele das beterrabas e corte em pedaços de $\frac{1}{4}$ a 1/8 de polegada. Pique grosseiramente a cebola cozida e misture com a beterraba assada em cubos e os sucos do cozimento da panela em uma panela junto com a cebola crua picada, vinagre, açúcar, passas, gengibre e várias colheres de água .

d) Deixe ferver e cozinhe em fogo médio-alto até que a cebola amoleça e a maior parte do líquido tenha evaporado. Não deixe queimar. Retire do fogo e ajuste os sabores com mais açúcar e vinagre. Tempere muito sutilmente, só um pouco, com pó de cinco especiarias. Deixou de lado. Rende cerca de 2 xícaras.

e) Para fazer os sanduíches: Disponha 8 das fatias de baguete e espalhe cada uma com o queijo Roquefort. Cubra cada uma com as fatias de baguete restantes e pressione bem para segurar. Pincele cada lado dos pequenos sanduíches com uma pequena quantidade de azeite.

f) Aqueça uma frigideira antiaderente pesada em fogo médio-alto e coloque os sanduíches nela. Reduza o fogo para médio-baixo ou médio. Cozinhe os sanduíches até ficarem dourados e crocantes no primeiro lado, pressione levemente com uma espátula, depois vire e doure levemente o outro lado.

g) Sirva os sanduíches crocantes e quentes em um prato, decore com um fio ou dois de agrião e uma porção generosa de geléia de beterraba.

30.   Sanduíche da Ilha de Ibiza

ELE SERVE4

PASTA DE ATUM E PIMENTÃO VERMELHO

Ingredientes:

- 6 onças de atum de carne branca em pedaços, embalado em azeite, escorrido

- 1 pimentão vermelho, assado, descascado e picado (de uma jarra está bom)

- $\frac{1}{2}$ cebola, finamente picada

- 4-6 colheres de sopa de maionese

- 1 colher de sopa de azeite extra virgem

- 1-2 colheres de chá de páprica, de preferência húngara ou espanhola

- Algumas gotas de limão fresco

- sumo

- Sal

- Pimenta preta

sanduíches

- 8 fatias de pão de tomate seco

- 8 onças de queijo Gouda, Jack ou Cheddar branco envelhecido

- Azeite para pincelar o pão

Endereços

a) Para fazer a mistura de atum: Desfie o atum com um garfo em uma tigela média e misture com o pimentão vermelho, cebola, maionese, azeite extra-virgem, páprica, suco de limão, sal e pimenta. Ajuste as quantidades de maionese para obter uma boa consistência espessa.

b) Para fazer os sanduíches: Coloque 4 fatias de pão e cubra cada uma com um quarto do queijo. Cubra com a mistura de atum e depois com o pão restante.

c) Pincele a parte externa dos sanduíches levemente com azeite. Aqueça uma frigideira antiaderente pesada em fogo médio-alto e adicione os sanduíches.

d) Coloque-os no chão com o fundo de um pesado frigideira, não para pressioná-los, mas para apoiar o topo e mantê-los planos enquanto o queijo derrete. Abaixe o fogo para médio e cozinhe no primeiro lado até que o pão esteja crocante e dourado, depois vire e repita.

e) Levante a bandeja de pesagem de vez em quando para verificar a situação do queijo.

f) Quando estiver derretido, e você perceber porque vai derramar um pouco, e o pão estiver dourado e crocante, retire-o da panela. Se o pão ficar muito escuro antes do queijo derreter, reduza o fogo.

g) Sirva imediatamente, quente e crocante.

31.   ClubeGrelhadoSanduíche

ELE SERVE4

Ingredientes:

- 3 colheres de maionese

- 1 colher de sopa de alcaparras, escorridas

- 8 fatias grossas de bacon

- 8 fatias finas de pain au levain, cortadas do meio de um pão grande (cerca de 10 polegadas de comprimento, 5 polegadas de largura)

- 8 onças de queijo Beaufort, Comté ou Emmentaler, fatiado

- 2 tomates maduros, fatiados

- 2 peitos de frango desossados, escalfados, grelhados ou grelhados, fatiados

- Azeite para pincelar o pão

- Cerca de 2 xícaras de folhas de rúcula

- Cerca de 12 folhas de manjericão fresco

Endereços

a) Em uma tigela pequena, misture a maionese com as alcaparras. Deixou de lado.

b) Frite o bacon em uma frigideira antiaderente pesada até ficar crocante e dourar dos dois lados. Retire da panela e escorra em papel absorvente.

c) Coloque 4 pedaços de pão em uma superfície de trabalho e cubra cada um com uma camada de queijo, depois uma camada de tomate, bacon e, finalmente, o frango.

d) Espalhe generosamente a maionese de alcaparras sobre as 4 fatias de pão restantes e cubra cada sanduíche. Pressione para fechar bem.

e) Pincele a parte externa levemente com azeite.

f) Aqueça uma frigideira antiaderente pesada ou uma prensa panini em fogo médio-alto. Adicione os sanduíches, trabalhando em dois lotes, se necessário. peso para baixosanduíchesligeiramente, reduza o fogo para médio e cozinhe até que o fundo do pão esteja dourado em alguns lugares e o queijo tenha derretido um pouco.

g) Vire com cuidado, usando as mãos para ajudar a estabilizar os sanduíches na espátula se eles ameaçarem desmoronar. Doure o segundo lado, sem peso, mas pressionando um pouco os sanduíches para consolidá-los e mantê-los juntos.

h) Retire da panela, abra a parte de cima dos 4 sanduíches e recheie com um punhado de rúcula e algumas folhas de manjericão, depois feche.

i) Corte ao meio e sirva imediatamente.

32.   Welsh Rarebitcom ovo escalfado

ELE SERVE4

Ingredientes:

- 4 ovos grandes

- Algumas gotas de vinagre de vinho branco

- 4 fatias de pão integral ou pão de fermento, ou 2 muffins ingleses, cortados ao meio

- Cerca de 2 colheres de sopa de manteiga amolecida

- 12 onças de queijo Cheddar ou Cheshire afiado, picado grosseiramente

- 1-2 cebolas verdes, em fatias finas

- 1-2 colheres de chá de cerveja ou lager (opcional)

- $\frac{1}{2}$ colher de chá de mostarda integral e/ou várias pitadas de mostarda seca em pó

- Vários shakes generosos de molho Worcestershire

- Vários shakes de pimenta caiena

Endereços

a) Escalfar os ovos: Quebre cada ovo e coloque-o em um copo ou panela. Leve uma panela funda cheia de água para ferver; abaixe o fogo e mantenha em fogo brando. Não salgue a água, mas adicione alguns shakes de vinagre. Deslize cada ovo na água levemente fervente.

b) Cozinhe os ovos até que as claras estejam firmes e as gemas ainda líquidas, 2 a 3 minutos. Retire com uma escumadeira e coloque em um prato para escorrer o excesso de água.

c) Pré-aqueça a grelha.

d) Torre levemente o pão sob a grelha e unte-o levemente com manteiga.

e) Coloque o pão em uma assadeira. Cubra cada pedaço com 1 dos ovos escalfados.

f) Em uma tigela média, misture Cheddar, cebolinha, cerveja, mostarda, molho inglês e pimenta caiena. Delicadamente, coloque a mistura de queijo uniformemente sobre os ovos escalfados, tomando cuidado para não quebrar as gemas.

g) Grelhe o queijo e a torrada coberta de ovos até que o queijo derreta em uma mistura pegajosa, e as bordas do queijo e da torrada fiquem crocantes e douradas. Sirva imediatamente.

33.   Presunto, Queijo e Abacaxi Grelhado

ELE SERVE4

Ingredientes:

- 6 a 8 onças de presunto de peru, picado grosseiramente ou desfiado se já estiver em fatias finas

- 3 colheres de sopa de maionese ou conforme necessário

- 4 fatias grossas de abacaxi fresco ou 5 fatias enlatadas no próprio suco

- 8 fatias de pão integral ou pão de trigo, em fatias finas

- Cerca de 12 a 15 fatias de picles de pão com manteiga

- $\frac{1}{2}$ cebola, em fatias finas

- Cerca de 8 onças de queijo Taleggio (cortado da casca) ou queijo Cheddar afiado, fatiado

- Azeite extra virgem para pincelar o pão

Endereços

a) Em uma tigela pequena, misture o presunto de peru com a maionese. Coloque-o de lado.

b) Pique ou pique grosseiramente o abacaxi e reserve em uma tigela. Se estiver usando fresco, misture com açúcar a gosto.

c) Disponha as fatias de pão. Em 4 deles espalhe o abacaxi. Nos outros 4, coloque primeiro alguns picles, depois a mistura de salada de presunto de peru, depois um pouco de cebola e o Taleggio. Cubra cuidadosamente com fatias de pão cobertas de abacaxi para formar sanduíches e pressione bem. Pincele cada lado levemente com azeite.

d) Aqueça uma frigideira antiaderente pesada ou uma prensa panini em fogo médio-alto. Coloque os sanduíches na panela, doure e pressione, até que o primeiro lado esteja crocante e dourado e o queijo comece a derreter; em seguida, usando sua espátula e possivelmente uma pequena ajuda de sua mão, vire cuidadosamente os sanduíches e cozinhe do outro lado, pressionando para dourar.

e) Quando os sanduíches estiverem crocantes e levemente dourados dos dois lados e o queijo derretido, retire da panela, corte ao meio e sirva.

34.   um bolinho quente

ELE SERVE4

Ingredientes:

- 4 pãezinhos franceses macios

- azeite extra virgem

- Alguns shakes aqui e ali de vinagre de vinho tinto.

- 4-6 dentes de alho, picados

- 3—4 colheres de chá de alcaparras, escorridas

- 2-3 pitadas grandes de orégano seco, desintegrado

- $\frac{1}{2}$ xícara de pimentão vermelho assado picado ou em cubos

- 4 pimentões em conserva suaves, como grego ou italiano, fatiados

- $\frac{1}{2}$ cebola roxa ou outra cebola macia, cortada em fatias bem finas

- $\frac{1}{2}$ xícara de azeitonas verdes recheadas com pimentão, fatiadas

- 1 tomate grande, em fatias finas

- 4 onças de salame seco, em fatias finas

- 4 onças de presunto, peru defumado

- 8 onças de queijo provolone em fatias finas

Endereços

a) Abra os pãezinhos e retire um pouco do interior fofo. Polvilhe cada lado cortado com azeite e vinagre, depois o alho, as alcaparras e o orégano. Em um lado de cada rolo, coloque o pimentão vermelho, pimentão em conserva, cebola, azeitonas, tomate, salame, presunto e, finalmente, o queijo. Feche bem e pressione bem para ajudar a selar.

b) Aqueça uma frigideira antiaderente pesada em fogo médio-alto e pincele levemente a parte externa de cada rolinho com azeite. Coloque os sanduíches na assadeira epeso para baixo, ou coloque-os em uma prensa panini.

c) Cozinhe até dourar de um lado, vire e doure do outro lado. Os sanduíches estão prontos quando estão dourados e crocantes e o queijo escorreu um pouco e está crocante em alguns lugares. Corte ao meio e coma imediatamente.

35.   **sanduíche cubano**

ELE SERVE4

Ingredientes:

molho mojo

- 2 colheres de azeite extra virgem

- 8 dentes de alho, em fatias finas

- 1 xícara de suco de laranja e/ou suco de toranja

- $\frac{1}{2}$ xícara de suco de limão fresco e/ou suco de limão

- $\frac{1}{2}$ colher de chá de cominho em pó Sal

- Pimenta preta

sanduíches

- 1 baguete macia ou 4 pãezinhos franceses longos e macios, divididos

- Manteiga macia ou azeite para pincelar o pão

- 6 onças de presunto assado ou cozido com mel em fatias finas

- 1 peito de frango cozido, cerca de 6 onças, em fatias finas

- 8 onças de queijo saboroso, como Gouda, Manchego ou Edam, fatiado

- 1 endro, endro kosher ou picles doce, em fatias finas

- Cerca de 4 folhas de alface manteiga ou Boston Bibb

- 2-3 tomates médios maduros, fatiados

Endereços

a) Para fazer o molho mojo: Aqueça suavemente o azeite e o alho em uma frigideira pequena e pesada até que o alho fique levemente dourado, mas não marrom, cerca de 30 segundos. Adicione os sucos cítricos, cominho, sal e pimenta a gosto e retire do fogo. Deixe esfriar, prove e ajuste os temperos. Dura até 3 dias na geladeira. Rende 1 $\frac{1}{2}$ xícaras.

b) Pré-aqueça a grelha.

c) Para fazer os sanduíches: Retire um pouco do interior fofo de cada pão. Descarte o pão extraído ou reserve-o para outro uso. Pincele ambos os lados dos pãezinhos com uma pequena quantidade de manteiga amolecida ou azeite.

Torre levemente sob o frango de cada lado e retire do fogo.

d) Regue um pouco do molho mojo sobre os lados cortados do pão e, em seguida, cubra com o presunto, o frango, o queijo e o picles. Feche bem e pressione para ajudar a selar e pincele levemente fora dos sanduíches com azeite.

e) Aqueça uma frigideira antiaderente pesada ou uma prensa panini em fogo médio-alto e doure os sanduíches, pesando-os. Você quer pressionar os sanduíches o mais plano possível. Cozinhe até ficar levemente crocante por fora e o queijo começar a derreter. Achate os sanduíches com a espátula enquanto os vira para ajudá-los a ficarem planos também.

f) Quando os sanduíches estiverem crocantes e dourados, retire-os da panela. Abra, adicione a alface e o tomate e sirva imediatamente, com mojo extra ao lado.

36. queijo parisiense grelhado

ELE SERVE4

Ingredientes:

- 8 fatias de pão francês ou branco de boa qualidade, firme e saboroso

- 4 fatias finas de presunto cozido ou assado ou presunto de peru

- 2 colheres de sopa de manteiga sem sal amolecida

- 4 onças de queijo tipo Gruyère

Endereços

a) Pré-aqueça a grelha.
b) Arrume 4 fatias de pão em uma assadeira e cubra com o presunto e as fatias de pão restantes para fazer sanduíches. Passe manteiga em cada sanduíche do lado de fora e coloque sob a grelha até dourar levemente, vire e doure o outro lado.
c) Polvilhe queijo sobre um lado dos sanduíches e, em seguida, retorne à grelha por alguns momentos ou até que o queijo derreta e borbulhe um pouco aqui e ali. Coma imediatamente com uma salada verde ao lado.

37.   Sanduíchedesde oilha de ibiza

ELE SERVE4

Ingredientes:

- 4 pãezinhos grandes, planos e macios estilo francês ou italiano, de preferência massa azeda

- 6-8 dentes de alho, cortados ao meio

- 4-6 colheres de sopa de azeite extra virgem

- 1 colher de sopa de pasta de tomate (opcional)

- 2-3 tomates maduros grandes, cortados em fatias finas

- Polvilhe generosa de orégano seco (de preferência grego, siciliano ou espanhol)

- 8 fatias finas de presunto ibérico ou similar como presunto

- Cerca de 10 onças de queijo macio, derretido, mas saboroso, como Manchego, Idiazábal, Mahon ou um queijo da Califórnia, como Ig Vella ou Jack semi secco

- Azeitonas mediterrâneas mistas

Endereços

a) Pré-aqueça a grelha.
b) Corte os pãezinhos e toste levemente cada lado na grelha.
c) Esfregue o alho no lado cortado de cada pedaço de pão.
d) Regue o pão esfregado com alho com o azeite e pincele o exterior com um pouco mais de azeite. Espalhe levemente com a pasta de tomate, em seguida, coloque os tomates fatiados e seus sucos sobre os pãezinhos, pressionando a pasta de tomate e os tomates juntos para que os sucos sejam absorvidos pelo pão.

e) Polvilhe com orégano esfarelado e, em seguida, cubra com o presunto e o queijo. Feche e pressione bem, depois pincele levemente com azeite.

f) Aqueça uma frigideira antiaderente pesada ou uma prensa panini em fogo médio-alto e adicione os sanduíches. Se estiver usando uma frigideira, pese osanduíches abaixo.

g) Abaixe o fogo para médio-baixo e cozinhe até ficar levemente crocante por fora e o queijo começar a derreter. Vire e doure o segundo lado.

h) Corte ao meio e sirva imediatamente, com um punhado de azeitonas misturadas ao lado.

38. Tomate e Queijo Mahon no Pão de Azeitona

FAZ4

Ingredientes:

- 10-12 folhas pequenas de sálvia fresca

- 3 colheres de manteiga sem sal

- 1 colher de sopa de azeite extra virgem

- 8 fatias de pão rural

- 4 onças de presunto, em fatias finas

- 10 a 12 onças de queijo de montanha com sabor completo, como fontina, Beaufort envelhecido ou Emmentaler

- 2 dentes de alho, picados

Endereços

a) Em uma frigideira antiaderente pesada, misture as folhas de sálvia, a manteiga e o azeite em fogo médio-baixo até a manteiga derreter e espumar.

b) Enquanto isso, espalhe 4 fatias de pão, cubra com o presunto, depois a fontina e uma pitada de alho. Coloque o pão restante por cima e pressione com firmeza.

c) Coloque os sanduíches delicadamente na mistura de manteiga de sálvia quente; você pode precisar fazê-lo em vários lotes ou usar 2 panelas. peso comuma panela pesada em cimapara pressionar os sanduíches para baixo. Cozinhe até ficar levemente crocante por fora e o queijo começar a derreter. Vire e doure o segundo lado.

d) Sirva os sanduíches quentes e crocantes, cortados em metades diagonais. Descarte as folhas de sálvia ou pique-as, crocantes e douradas.

39.   emmental e peraSanduíche

ELE SERVE4

Ingredientes:

- 8 fatias finas de pão de centeio pain au levain, sourdough ou integral

- 4 onças de queijo Emmentaler, em fatias finas

- 1 pêra madura, mas firme, com casca e cortada em fatias muito finas

- 4 onças de queijo Appenzell, em fatias finas

- Algumas pitadas de sementes de cominho Manteiga macia ou azeite para passar no pão

Endereços

a) Coloque 4 fatias de pão em uma superfície de trabalho, cubra com uma camada de queijo Emmentaler, depois a pêra, depois um pouco de queijo Appenzell e uma pitada de sementes de cominho. Cubra cada sanduíche com uma segunda fatia de pão e pressione firmemente para selar.

b) Pincele fora de cada sanduíche levemente com manteiga. Aqueça uma frigideira antiaderente pesada ou uma prensa de sanduíche em fogo médio-alto. coloque um peso nissosanduíches.

Doure, virando uma ou duas vezes, até que o pão esteja crocante e dourado e o queijo derretido.

c) Sirva imediatamente.

40. Pumpernickel e Gouda grelhados

ELE SERVE4

Ingredientes:

MOSTARDA DE SALSA E ESTRAGÃO

- 3 colheres de sopa de mostarda integral
- 3 colheres de sopa de mostarda Dijon suave
- 2 colheres de sopa de salsa fresca picada
- 1 colher de sopa de estragão fresco picado
- 1 dente de alho pequeno, picado
- Algumas gotas de vinagre de vinho tinto ou branco, a gosto

sanduíches

- 8 fatias de pão de centeio escuro e macio
- 8 onças de queijo gouda, manchego ou similar envelhecido com nozes
- Manteiga macia ou azeite para pincelar o pão

Endereços

a) Para fazer a mostarda de estragão com salsa: Combine o grão integral e as mostardas Dijon em uma tigela pequena e adicione a salsa, o estragão e o alho. Adicione algumas gotas de vinagre a gosto e reserve. Rende cerca de 1/3 xícara.

b) Para fazer os sanduíches: Coloque 4 fatias de pão em uma superfície de trabalho. Adicione uma camada de queijo e cubra com a segunda fatia de pão. Pressione e escove levemente ou escove o exterior com a manteiga.

c) Aqueça uma frigideira antiaderente pesada ou uma prensa panini em fogo médio-alto e adicione os sanduíches. peso com um segundofrigideirae reduza o fogo para médio-baixo. Cozinhe até que o primeiro lado esteja crocante e dourado, depois vire e cozinhe o segundo lado até que o queijo derreta.

d) Sirva imediatamente, com a mostarda de estragão salsa ao lado, para espalhar como desejar.

41.   Queijo Mahon no pão de azeitona preta

ELE SERVE4

Ingredientes:

- 8 fatias de pão de azeitona preta

- 1 dente de alho, finamente picado

- 4 tomates grandes, carnudos, maduros e saborosos

- 1-2 colheres de chá de folhas de tomilho fresco

- 8-10 onças de queijo Mahon, Gouda ou Mezzo Secco envelhecido

- Azeite para pincelar o pão

Endereços

a) Polvilhe 4 das fatias de pão com o alho e, em seguida, cubra com os tomates (deixe seus sucos afundarem no pão). Polvilhe as rodelas de tomate com as folhas de tomilho.

b) Cubra com uma camada de queijo, depois o pão restante, para fazer 4 sanduíches. Pressione juntos para selar bem. Pincele a parte externa de cada um com o azeite.

c) Aqueça uma frigideira antiaderente pesada ou uma prensa de sanduíche em fogo médio-alto e adicione os sanduíches, pesando-os. Doure os sanduíches, virando uma ou duas vezes, até que o pão esteja crocante e dourado e o queijo derreta, escorrendo e estalando um pouco ao bater na panela.

d) Sirva imediatamente.

42.   Peru defumado, Taleggio eGorgonzola

ELE SERVE4

Ingredientes:

- 1 pão italiano macio, achatado e arejado, como ciabatta, ou 4 pãezinhos italianos/franceses macios; se estiverem disponíveis meio raros, escolha-os

- 6 onças de queijo gorgonzola, em fatias finas ou grosseiramente desintegrado

- 8 onças de peru defumado, em fatias finas

- 1 maçã média ou 2 pequenas, crocantes, mas saborosas, sem caroço, com casca e em fatias muito finas

- 6 onças de queijo Taleggio, Teleme, Jack ou tomme de montagne, cortado em 4 fatias (Cabe a você deixar a casca de Taleggio ou cortá-la; a casca tem um sabor levemente picante que alguns amam, outros enfaticamente não.)

- Azeite para pincelar o pão

Endereços

a) Corte o pão em 4 pedaços do mesmo tamanho. Corte cada pedaço de pão horizontalmente, deixando 1 lado conectado, se possível.

b) Abra os 4 pedaços de pão. Em 1 lado, coloque gorgonzola, peru defumado e fatias de maçã em quantidades iguais. Cubra com Taleggio e feche bem os sanduíches, pressionando bem para fechar.

c) Pincele os sanduíches, por cima e por baixo, com azeite de oliva e, em seguida, aqueça uma frigideira antiaderente pesada em fogo médio-alto. Coloque os sanduíches na frigideira quente e reduza imediatamente o fogo para muito baixo.peso em cima, ou use uma prensa de sanduíche ou panini press.

d) Cozinhe até dourar e torrado, depois vire e doure levemente os segundos lados. Verifique de vez em quando para ter certeza de que o pão não está queimando.

e) Sirva assim que os dois lados estiverem crocantes e o queijo derretido.

43. Jarlsberg derretido em massa azeda

ELE SERVE4

Ingredientes:

- 8 fatias de pão de forma média

- 8 onças Jarlsberg ou um queijo derretido suave como Jack

- 2 pimentões vermelhos assados, fatiados, ou 3 a 4 colheres de sopa de pimentões vermelhos assados picados

- 2 dentes de alho, em fatias finas

- 2 colheres de chá de folhas de alecrim fresco picadas, ou a gosto

- Azeite para pincelar o pão

Endereços

a) Coloque 4 fatias de pão em uma superfície de trabalho e cubra com o queijo, em seguida, adicione os pimentões vermelhos, alho e alecrim. Cubra com as fatias de pão restantes e pressione suavemente. Pincele a parte externa de cada sanduíche levemente com o óleo.

b) Aqueça uma frigideira antiaderente pesada ou uma prensa de sanduíche em fogo médio-alto e adicione os sanduíches, trabalhando em vários lotes, se necessário. Reduza o fogo para médio-baixo, dourando os sanduíches lentamente (pressione com espátula para ficar crocante), até que fique levemente crocante por fora e o queijo comece a derreter. Vire e repita no segundo lado.

c) Sirva cada sanduíche cortado ao meio ou em quartos.

44. Torta de Frango, Queijo Fresco e Gouda

ELE SERVE4

Ingredientes:

- 2 salsichas de sálvia/ervas (cerca de 14 onças), carne de porco, peru ou vegetariana

- 6 onças de queijo Jack médio ou Asiago ralado

- 1-2 colheres de sopa (cerca de 2 onças) de queijo maturado ralado na hora, como parmesão, localli romano ou Jack seco

- 2 cebolinhas verdes, em fatias finas

- 2-3 colheres de chá de creme de leite Uma pitada de sementes de cominho Uma pitada de açafrão Uma pitada de mostarda marrom

- Uma pitada de pimenta caiena ou algumas gotas de molho picante

- 8 fatias finas de pão integral (como frutas vermelhas, sementes de girassol ou trigo germinado)

- 2-3 colheres de sopa de azeite extra virgem

- 3 dentes de alho, em fatias finas

- 1-2 limões em conserva estilo marroquino, bem lavados e fatiados ou picados

- 1-2 colheres de chá de salsa fresca de folhas planas finamente picada

Endereços

a) Corte as salsichas em cubos grossos e doure-as rapidamente em fogo médio em uma pequena frigideira antiaderente. Retire da panela, coloque sobre papel toalha e deixe esfriar. Deixe a panela no fogão e desligue o fogo.

b) Em uma tigela média, misture os 2 queijos com as cebolas verdes, creme de leite, sementes de cominho, açafrão, mostarda e pimenta caiena. Quando a linguiça estiver fria, misture-a com o queijo.

c) Empilhe 4 fatias de pão com a mistura de queijo e salsicha e cubra com uma segunda fatia de pão. Perfure bem e pressione levemente, mas com firmeza, para que o sanduíche fique grudado.

d) Reaqueça a frigideira em fogo médio-alto e adicione cerca de metade do azeite e do alho, depois empurre o alho para o lado e adicione 1 ou 2 sanduíches, qualquer que seja a capacidade da frigideira. Cozinhe até ficar levemente crocante de um lado e o queijo começar a derreter.

e) Vire e frite o segundo lado até dourar. Retire para um prato e repita com os outros sanduíches, alho e óleo. Você pode descartar o alho levemente dourado ou mordiscá-lo; faça o que fizer, retire-o da panela antes que escureça, pois dará ao óleo um sabor amargo se queimar.

f) Sirva as sandes imediatamente bem quentes, cortadas em triângulos e polvilhadas com o limão em conserva e a salsa picada.

45.   panini's Berinjela Parmesão

ELE SERVE4

Ingredientes:

- $\frac{1}{4}$ xícara de azeite extra virgem, ou a gosto, dividido

- 1 berinjela média, cortada em fatias de $\frac{1}{2}$ a $\frac{3}{4}$ de polegada de espessura

- Sal

- 4 pãezinhos grandes, macios, azedos ou doces

- 3 dentes de alho, picados

- 8 folhas grandes de manjericão fresco

- Cerca de $\frac{1}{2}$ xícara de ricota

- 3 colheres de sopa de queijo parmesão ralado, Pecorino ou Locatelli Romano

- 6 a 8 onças de queijo mussarela fresco

- 4 tomates maduros suculentos, em fatias finas (incluindo seus sucos)

Endereços

a) Disponha as fatias de berinjela em uma tábua de corte e polvilhe generosamente com sal. Deixe descansar por cerca de 20 minutos ou até que as gotas de umidade apareçam na superfície da berinjela. Enxágue bem e, em seguida, seque a berinjela.

b) Aqueça 1 colher de sopa de óleo em uma frigideira antiaderente pesada em fogo médio. Adicione o máximo de berinjela que couber em uma camada e não se acumule. Doure as fatias de berinjela, movendo-as para dourar e cozinhe, mas não queime.

c) Vire e cozinhe do outro lado até dourar levemente e a berinjela ficar macia quando perfurada com um garfo. Quando a berinjela estiver cozida, retire-a para um prato ou panela e continue adicionando a berinjela até que esteja tudo cozido. Deixe de lado por alguns minutos.

d) Abra os pãezinhos e retire um pouco do interior fofo, depois polvilhe cada lado cortado com alho picado. Em um lado de cada rolo, coloque uma fatia ou 2 de berinjela, cubra com uma folha ou 2 de manjericão, um pouco de ricota, uma pitada de queijo parmesão e uma camada de mussarela. Finalize com os tomates fatiados; feche e pressione suavemente para selar.

e) Aqueça a mesma frigideira em fogo médio-alto ou use uma prensa panini e pincele levemente os sanduíches com um pouco de azeite por fora. Doure ou grelhe os sanduíches, pressionando enquanto douram e ficam crocantes.

f) Quando o primeiro lado estiver dourado, vire e doure o segundo lado até que o queijo derreta. Sirva imediatamente.

46.   Beringelas e chaumes grelhadas,

ELE SERVE4

Ingredientes:

AIOLI DE PIMENTA VERMELHA

- 2-3 dentes de alho, picados

- 4-6 colheres de sopa de maionese Suco de $\frac{1}{2}$ limão ou lima (cerca de 1 colher de sopa ou a gosto)

- 2—3 colheres de chá de pimenta em pó 1 colher de chá de páprica

- $\frac{1}{2}$ colher de chá de cominho moído Uma pitada grande de folhas secas de orégano, esmagadas

- 2 colheres de azeite extra virgem

- Vários shakes com molho de pimenta defumada, como Chipotle Tabasco ou Buffala

- 2 colheres de sopa de coentro fresco picado grosseiramente

- 1 berinjela cortada transversalmente em fatias de $\frac{1}{4}$ a $\frac{1}{2}$ polegada de espessura Azeite

- 4 pãezinhos brancos ou azedos macios ou 8 fatias de pão branco ou azedo estilo country

- $\frac{3}{4}$ xícara de pimentão vermelho e/ou amarelo assado marinado, de preferência em salmoura (comprado oufeito em casa,)

- Cerca de 12 onças de queijo semi-mole, mas saboroso

Endereços

a) Para fazer o Red Chile Aioli: Em uma tigela pequena, misture o alho, maionese, suco de limão, pimenta em pó, páprica, cominho e orégano; mexa bem para combinar. Usando sua colher ou um batedor, adicione o azeite, adicionando algumas colheres de óleo de cada vez e bata até incorporar à mistura antes de adicionar o resto.

b) Quando estiver homogêneo, adicione o molho de pimenta defumado a gosto e, por fim, adicione o coentro. Cubra e resfrie até estar pronto para usar. Rende cerca de 1/3 xícara.

c) Para preparar a berinjela, pincele levemente as fatias de berinjela com azeite e aqueça uma frigideira antiaderente pesada em fogo médio-alto. Doure as fatias de berinjela de cada lado até ficarem levemente douradas e macias

quando perfuradas com um garfo. Deixou de
lado.

d) Para fazer os sanduíches: Abra os pãezinhos
macios e cubra generosamente o aioli de
pimenta vermelha por dentro. Disponha as fatias
de berinjela em um lado dos rolinhos, depois os
pimentões e uma camada de queijo. Feche e
aperte bem. Pincele levemente a parte externa
de cada sanduíche com azeite.

e) Aqueça a frigideira novamente em fogo médio-
alto, adicione os sanduíches e reduza o fogo
para médio-baixo. peso para baixosanduíches, e
cozinhe por alguns minutos. Quando o pão de
baixo estiver dourado e levemente dourado em
alguns lugares, vire-o e cozinhe o outro lado,
com um peso semelhante.

f) 5Quando esse lado também estiver dourado e
crocante, o queijo deve estar derretido e
pegajoso; pode ser um pouco escorrendo e
crocante como faz. (Não jogue fora esses
deliciosos pedaços crocantes, apenas coloque-os
em cada prato junto com o sanduíche.)

g) Retire os sanduíches para os pratos; corte ao
meio e sirva.

h) bacon defumado e queijo cheddar com molho de
pimenta

i) Relish de chipotle defumado, uma pitada de mostarda picante, bacon defumado carnudo e queijo cheddar picante - não há nada sutil sobre este sanduíche de excelente sabor.
Experimente também o tempero chipotle em um hambúrguer! Um copo de cerveja com uma fatia de limão ao lado chega perto da perfeição.

47. Cogumelos e queijo derretido em Pain-au-Levain

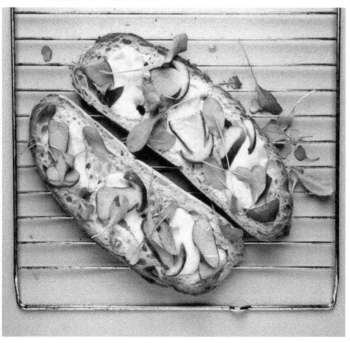

ELE SERVE4

Ingredientes:

- 1-1 ½ onças de porcini ou cèpes secos,

- Cerca de ½ xícara de creme de leite

- Sal

- Alguns grãos de pimenta caiena

- Algumas gotas de suco de limão fresco

- ½ colher de chá de amido de milho, misturado com 1 colher de chá de água

- 8 fatias de pain au levain ou outro pão francês

- Cerca de 1 colher de sopa de manteiga amolecida para espalhar no pão

- 2 dentes de alho, finamente picados

- 8 a 10 onças de queijo Pecorino, Fontina ou Mezzo Secco fatiado

- 4 colheres de sopa de queijo parmesão ralado na hora

- Cerca de ¼ xícara de cebolinha fresca picada

Endereços

a) Em uma panela pesada, misture os cogumelos e 2 xícaras de água. Deixe ferver, reduza o fogo e cozinhe até que o líquido esteja quase evaporado e os cogumelos estejam macios, de 10 a 15 minutos.

b) Adicione o creme de leite e volte ao fogo por alguns minutos, depois tempere com sal, apenas uma ou duas pimentas caiena e apenas uma ou duas gotas de suco de limão.

c) Adicione a mistura de amido de milho e aqueça em fogo médio-baixo até engrossar. Deve engrossar assim que as bordas começarem a borbulhar. Como o creme pode variar em espessura, não há como saber exatamente quanto amido de milho você precisará.

d) Assim que engrossar o suficiente, deixe a mistura em temperatura ambiente para esfriar. Ele vai engrossar mais à medida que esfria. Você quer uma consistência espessa e espalhável.

e) Estenda todo o pão e pincele um lado de cada fatia muito levemente com a manteiga. Vire-os, depois em 4 deles, polvilhe o alho. Cubra com as fatias de pecorino, alguns pedaços de cogumelos do molho e uma pitada de queijo parmesão.

f) Nos outros 4 pedaços de pão (lado sem manteiga), espalhe o molho de cogumelos em uma camada grossa. Feche bem os sanduíches. Os lados amanteigados ficarão do lado de fora.

g) Aqueça uma frigideira antiaderente pesada em fogo médio-baixo. Adicione os sanduíches, 1 ou 2 de cada vez, dependendo do tamanho da panela, e pese com umfrigideira pesada).

h) Cozinhe até que o pão esteja dourado e levemente dourado em alguns lugares, deliciosamente crocante, e o queijo comece a escorrer. Vire e repita até que o segundo lado esteja dourado e crocante como o primeiro, adicionando o alho picado à panela durante o último minuto de cozimento. O queijo deve estar escorrendo, com alguns pedaços saindo e levemente crocante na borda da crosta.

i) Coloque em um prato, corte ao meio ou em quartos e polvilhe o prato com cebolinha. Coma imediatamente. Não há nada tão encharcado quanto um sanduíche de queijo grelhado frio.

48. sicilianoqueijo escaldantecom alcaparras e alcachofras

ELE SERVE4

Ingredientes:

- 4-6 corações de alcachofra marinados, fatiados

- 4 fatias grossas de pão rústico, doce ou azedo

- 12 onças de provolone, mussarela, manouri ou outro queijo macio derretido, ralado

- 2 colheres de azeite extra virgem

- 4 dentes de alho, em fatias muito finas ou picadas

- Cerca de 2 colheres de sopa de vinagre de vinho tinto

- 1 colher de sopa de alcaparras em salmoura, escorridas

- 1 colher de chá de orégano seco esfarelado

- Várias pimenta preta moída

- 1-2 colheres de chá de salsa fresca picada

Endereços

a) Pré-aqueça a grelha.

b) Disponha as alcachofras em cima do pão e coloque em uma assadeira, depois cubra com o queijo.

c) Em uma frigideira antiaderente pesada, aqueça o azeite em fogo médio-alto, em seguida, adicione o alho e doure levemente. Adicione o vinagre de vinho tinto, alcaparras, orégano e pimenta preta e cozinhe por um minuto ou dois, ou até que o líquido seja reduzido para cerca de 2 colheres de chá. Adicione a salsa. Despeje sobre o pão coberto com queijo.

d) Grelhe até que o queijo esteja derretido, borbulhando e dourando em alguns lugares. Coma imediatamente.

49. scaloppine sanduíche de pesto

ELE SERVE4

Ingredientes:

- Dois peitos de frango sem pele desossados de 4 a 5 onças ou costeletas de porco, peru ou carne bovina

- Sal

- Pimenta preta

- 2 colheres de sopa de azeite extra virgem, dividido

- 3 dentes de alho, picados, divididos

- 2 abobrinhas, cortadas em fatias bem finas e secas

- 2 colheres de sopa de pesto de manjericão ou a gosto

- 2 colheres de sopa de parmesão ralado, grana ou queijo locallli romano

- 4 rolos de massa azeda macia ou quatro pedaços de focaccia de 6 polegadas, cortados ao meio

- 8 a 10 onças de mussarela, fontina nacional ou dinamarquesa, ou queijo Jack, fatiado

Endereços

a) Bata a carne com o martelo de carne; se estiver grosso, corte o frango em pedaços bem finos. Polvilhe com sal e pimenta.

b) Aqueça uma frigideira antiaderente pesada em fogo médio-alto, adicione 1 colher de sopa de óleo, a carne e, finalmente, cerca de metade do alho. Doure a carne rapidamente de um lado, depois do outro, retire da panela e despeje os pedaços de suco e alho sobre a carne.

c) Retorne a frigideira ao fogo médio-alto e adicione outra colher de chá ou mais de óleo. Refogue a abobrinha até ficar macia. Retire para tigela; Tempere com sal e pimenta. Quando esfriar, adicione o restante do alho, pesto e queijo parmesão. Deixe a mistura esfriar na tigela; enxágue e seque a panela.

d) Com os dedos, retire um pouco do fofinho dentro de cada rolinho para dar espaço para o recheio. Aqueça a frigideira novamente em fogo médio-alto e toste levemente os lados cortados de cada muffin. Você terá que empurrá-los um pouco; eles podem rasgar um pouco, mas tudo bem. Eles voltarão a ficar juntos novamente quando dourarem e pressionados com o recheio no lugar.

e) No meio de cada rolo, recheie várias colheres da mistura de pesto de abobrinha e cubra com uma camada de carne e mussarela. Feche e pressione bem para selar bem.

f) Pincele qualquer óleo restante na parte externa dos sanduíches. Reaqueça a frigideira em fogo médio-alto.sanduíches de pesopara ajudar a pressioná-los e mantê-los juntos. Reduza o fogo para médio-baixo e cozinhe até que o primeiro lado esteja crocante e dourado e o queijo comece a derreter. Vire e repita.

g) Sirva quando os sanduíches estiverem dourados e o queijo estiver derretendo sedutoramente.

50.   Quesadillas, Piadina e Sanduíches Pita

ELE SERVE4

Ingredientes:

- 12 onças de cabra fresca 3 dentes de alho picados

- Cerca de 1 polegada de gengibre fresco, picado grosseiramente (cerca de 2 colheres de chá)

- 3-4 colheres de sopa de folhas de hortelã fresca picadas grosseiramente

- 3-4 colheres de sopa de coentro fresco picado grosseiramente

- 3 colheres de iogurte natural

- $\frac{1}{2}$ colher de chá de açúcar, ou a gosto Uma pitada grande de sal

- Vários bons batidos de Tabasco ou outro molho picante, ou $\frac{1}{2}$ malagueta fresca picada

- 8 tortilhas de farinha

- Queijo com casca, como Lezay ou Montrachet, em fatias de $\frac{1}{2}$ a $\frac{3}{4}$ de polegada de espessura

- Azeite para pincelar as tortilhas

Endereços

a) Em um processador de alimentos ou liquidificador, bata o alho com o gengibre e adicione a hortelã, o coentro, o iogurte, o açúcar, o sal e o molho picante. Mexa até formar uma pasta verde ligeiramente espessa.

b) Disponha 4 tortilhas e espalhe primeiro a mistura de coentro e hortelã, depois uma camada de queijo de cabra e cubra com as outras tortilhas.

c) Pincele levemente a parte externa de cada sanduíche com azeite e cozinhe, um de cada vez, em uma frigideira antiaderente pesada em fogo médio. Doure por vários minutos, até dourar levemente em alguns pontos, pressionando um pouco com a espátula enquanto cozinham.

d) Vire com cuidado com a espátula; quando o segundo lado estiver salpicado de marrom e dourado, o queijo deve estar derretido. Retire da panela e corte em gomos.

e) Sirva imediatamente.

51.   Queijo mussarela,manjericão piadina

ELE SERVE4

Ingredientes:

- 4 tortilhas de piadine ou farinha média (12 polegadas)

- 3-4 colheres de sopa de pasta de tomate

- 1 tomate grande maduro, cortado em fatias finas

- 1-2 dentes de alho, picados

- 4 a 6 onças de queijo mussarela fresco, fatiado

- Cerca de 12 folhas de manjericão tailandês ou vietnamita (ou manjericão comum)

- Cerca de 3 onças de queijo gorgonzola, fatiado ou desintegrado

- 2-3 colheres de sopa de queijo parmesão ralado na hora ou outro queijo ralado como Asiago ou grana

- Azeite extra virgem para regar

Endereços

a) Pré-aqueça a grelha.

b) Disponha a piadina em 1 ou 2 assadeiras e espalhe com um pouco de pasta de tomate, em seguida, cubra com uma pequena quantidade de tomate e polvilhe com o alho. Cubra com mussarela, manjericão e gorgonzola, polvilhe com queijo parmesão e regue com azeite.

c) Grelhe, trabalhando em lotes, se necessário, até que o queijo derreta e os sanduíches estejam bem quentes. Sirva imediatamente.

52. Quesadillas em Tortilhas de Abóbora

ELE SERVE4

Ingredientes:

- 2 grandes pimentões verdes suaves, como Anaheim ou Poblano, ou 2 pimentões verdes

- 1 cebola picada

- 2 dentes de alho, picados

- 1 colher de sopa de azeite extra virgem

- 1 quilo de carne moída magra

- $1/8$–$\frac{1}{4}$ colher de chá de canela em pó, ou a gosto

- $\frac{1}{4}$ colher de chá de cominho moído Uma pitada de cravo moído ou pimenta da Jamaica

- $1/3$ xícara de xerez seco ou vinho tinto seco

- $\frac{1}{4}$ xícara de passas

- 2 colheres de pasta de tomate

- 2 colheres de açúcar

- Alguns shakes de vinho tinto ou vinagre de xerez.

- Sal

- Pimenta preta

- Alguns shakes de pimenta caiena ou Tabasco se usar pimentão em vez de pimenta

- $\frac{1}{4}$ xícara de amêndoas picadas grosseiramente

- 2-3 colheres de sopa de coentro fresco picado grosseiramente, mais extra para guarnecer

- 8 tortilhas de abóbora

- 6 a 8 onças de queijo macio, como Jack, Manchego ou Mezzo Secco

- Azeite para pincelar as tortilhas

- Cerca de 2 colheres de sopa de creme de leite para decorar

Endereços

a) Grelhe as pimentas ou pimentões em fogo aberto até ficarem levemente carbonizados e uniformemente carbonizados. Coloque-o em um saco plástico ou recipiente e cubra-o. Deixe descansar por pelo menos 30 minutos, pois o vapor ajuda a separar a pele da carne.

b) Prepare o picadillo: refogue a cebola e o alho no azeite em fogo médio até dourar, depois acrescente a carne e cozinhe junto, mexendo e desmanchando a carne enquanto cozinha. Quando a carne estiver dourada em alguns pontos, polvilhe com a canela, cominho e cravo e continue cozinhando e mexendo.

c) Adicione o xerez, as passas, a pasta de tomate, o açúcar e o vinagre. Cozinhe juntos por cerca de 15 minutos, mexendo de vez em quando; se parecer seco, adicione um pouco de água ou mais xerez. Tempere com sal, pimenta e pimenta de Caiena e ajuste o açúcar e o vinagre a gosto. Adicione as amêndoas e os coentros e reserve.

d) Retire a pele, os caules e as sementes dos pimentões e corte-os em tiras.

e) Disponha 4 das tortilhas e espalhe com a carne moída. Adicione as tiras de pimentão assado, depois uma camada de queijo e cubra cada uma com uma segunda tortilha. Pressione com firmeza para mantê-los juntos.

f) Aqueça uma frigideira antiaderente pesada em fogo médio-alto. Pincele levemente a parte externa das quesadillas com azeite e adicione-as à frigideira, trabalhando em lotes.

g) Abaixe o fogo para médio-baixo, doure de um lado e vire cuidadosamente usando a espátula com a guia da mão, se necessário. Cozinhe no segundo lado até dourar em alguns pontos e o queijo derreter.

h) Sirva imediatamente, cortado em fatias, decorado com uma colherada de creme de leite e coentro.

53. calabresa, provolone& Pecorino Pita!

ELE SERVE4

Ingredientes:

- 4 pitas

- $\frac{1}{2}$ xícara de pimentão vermelho e/ou amarelo assado, descascado e fatiado

- 2 dentes de alho, picados

- 4 onças de pepperoni, em fatias finas

- 4 onças de queijo provolone, em cubos

- 2 colheres de sopa de queijo pecorino ralado na hora

- 4 pimentas em conserva italianas ou gregas, como pepperoncini, em fatias finas

- Azeite para pincelar pita

Endereços

a) Corte 1 lado de cada pita e abra para formar bolsos.

b) Camada de pimentão, alho, pepperoni, provolone, pecorino e pimentão em cada pita e pressione para fechar. Pincele a parte externa levemente com azeite.

c) Aqueça uma frigideira antiaderente pesada em fogo médio-alto ou use uma sanduicheira ou uma prensa para panini. Disponha os sanduíches na frigideira.

d) Reduza o fogo para baixo e pese sanduíches abaixo, pressionando enquanto doura. Cozinhe apenas até o queijo derreter; você não quer que os queijos fiquem dourados e crocantes, apenas para manter todos os recheios juntos.

e) Sirva imediatamente.

54.   Quesadillas de queijo de ovelha grelhadas

ELE SERVE4

Ingredientes:

- 8 tortilhas grandes de farinha

- 1 colher de sopa de estragão fresco picado

- 2 tomates grandes maduros, cortados em fatias finas

- 8-10 onças de queijo pecorino ligeiramente seco

- Azeite, para pincelar as tortilhas

Endereços

a) Coloque as tortilhas em uma superfície de trabalho, polvilhe com o estragão e cubra com os tomates. Cubra com queijo e cubra cada um com uma segunda tortilha.

b) Pincele cada sanduíche com azeite e aqueça uma frigideira antiaderente pesada ou uma grelha plana em fogo médio. Trabalhando 1 de cada vez, cozinhe a quesadilla de 1 lado; quando dourar levemente e o queijo estiver derretendo, vire e cozinhe o segundo lado, pressionando enquanto cozinha para achatar.

c) Sirva imediatamente, cortado em gomos.

55.   Queijo cheddar, chutney e linguiça grelhada

ELE SERVE4

Ingredientes:

- 1-2 salsichas salgadas picantes, cortadas na diagonal

- 4 pitas de trigo integral, bolsos abertos

- 3-4 colheres de sopa de chutney de manga doce e picante

- 2 colheres de sopa de coentro fresco picado

- 6 a 8 onças de queijo Cheddar maduro, picado grosseiramente

- 1 colher de sopa de azeite para pincelar o pão

- 3 colheres de sopa de sementes de girassol torradas e sem casca

Endereços

a) Doure as salsichas fatiadas em uma frigideira em fogo médio. Reserve-os para escorrer em papel toalha.

b) Arrume as pitas em uma superfície de trabalho. Espalhe 1 metade de dentro com o chutney, em seguida, adicione a linguiça, coentro e, finalmente, o queijo. Pressione levemente para fechar e pincele a parte externa com azeite.

c) Aqueça uma frigideira antiaderente pesada em fogo médio-alto ou use uma prensa panini. Adicione as pitas recheadas e pressione levemente; reduza o fogo para médio ou até médio-baixo. Cozinhe em 1 lado até dourar levemente em alguns lugares e o queijo derreter; Vire e doure levemente o outro lado. Quando o queijo derreter, retire da panela.

d) Sirva imediatamente, polvilhe com sementes de girassol e ofereça chutney adicional ao lado para esfregar.

56. Prosciutto & Taleggio com figos em mesclun

ELE SERVE4

Ingredientes:

- 8 fatias bem finas de pão de fermento ou baguete

- 3 colheres de sopa de azeite extra virgem, dividido

- 3-4 onças de presunto, cortado em 8 fatias

- 8 onças de queijo Taleggio maduro, cortado em oito pedaços de $\frac{1}{4}$ de polegada de espessura

- 4 punhados grandes de salada mista primavera (mesclun)

- 2 colheres de cebolinha fresca picada

- 2 colheres de sopa de cerefólio fresco picado

- 1 colher de sopa de suco de limão fresco Sal

- Pimenta preta

- 6 figos pretos maduros, cortados em quatro

- 1-2 colheres de chá de vinagre balsâmico

Endereços

a) Pincele levemente o pão com uma pequena quantidade de azeite e coloque em uma assadeira. 2 Pré-aqueça o forno a 400°F. Coloque o pão na grade mais alta e asse por cerca de 5 minutos, ou até começar a dourar. Retire e deixe esfriar, cerca de 10 minutos.

b) Quando esfriar, enrole as fatias de presunto ao redor das fatias de Taleggio e coloque cada uma em cima de um pedaço de pão. Reserve um momento enquanto prepara a salada.

c) Misture os legumes com cerca de 1 colher de sopa de azeite, as cebolinhas e cerefólio, depois misture com o suco de limão, sal e pimenta a gosto. Disponha em 4 pratos e decore com os quartos de figo.

d) Pincele o topo dos pacotes de presunto com o azeite restante, coloque-os em uma frigideira grande e leve ao forno por 5 a 7 minutos, ou até que o queijo comece a escorrer e o presunto esteja crocante nas bordas. .

e) Remova rapidamente os pacotes e coloque em cada salada, depois agite o vinagre balsâmico na frigideira quente. Agite para aquecer e, em seguida, despeje sobre as saladas e torradas. Sirva imediatamente.

57. Fontinecom Rúcula, Mizuna e Peras

ELE SERVE4

Ingredientes:

- 8 fatias de pão de fermento Cerca de 6 onças de bresaola, em fatias finas

- 6 - 8 onças de queijo derretido, saboroso e com nozes, como Fontina, Jarlsberg ou Emmentaler

- Cerca de 4 xícaras de mistura de rúcula e mizuna, ou outros vegetais para bebês, como mix de primavera

- 2 peras maduras, mas firmes, cortadas em fatias finas ou em juliana, regadas com um pouco de suco de limão para não escurecer

- 1 chalota, picada

- 1 colher de vinagre balsâmico

- 2 colheres de sopa de azeite extra virgem, e mais para pincelar sal

- Pimenta preta

Endereços

a) Disponha 4 pedaços de pão em uma superfície de trabalho e coloque a bresaola de um lado, depois cubra com o queijo e finalize cobrindo com as outras fatias de massa azeda. Pressione levemente, mas com firmeza para selar.

b) Enquanto isso, misture os legumes em uma tigela com as peras fatiadas. Deixou de lado.

c) Em uma tigela pequena, misture a cebola com vinagre balsâmico e 2 colheres de sopa de azeite, depois tempere com sal e pimenta a gosto. Deixou de lado.

d) Pincele os sanduíches com uma pequena quantidade de azeite. Aqueça uma prensa de sanduíche ou uma frigideira antiaderente pesada em fogo médio-alto e coloque os sanduíches na frigideira. Você provavelmente precisará fazer isso em 2 lotes.peso dos sanduíches. Cozinhe até que o pão esteja crocante e dourado, depois vire e repita do outro lado, até o queijo derreter.

e) Pouco antes de os sanduíches estarem prontos, misture a salada com o molho. Divida a salada entre 4 pratos. Quando os sanduíches estiverem prontos, retire da panela, corte em quartos e coloque 4 em cada prato de salada.

f) Sirva imediatamente.

58. Sanduíches Chevreem salada

ELE SERVE4

Ingredientes:

- Cerca de ½ 2 baguetes, cortadas em 12 fatias diagonais com cerca de ½ polegada de espessura

- 2 colheres de sopa de azeite extra virgem, ou conforme necessário

- 3 onças de queijo de cabra em crosta, como Lezay, em fatias de ¼ a ½ polegada de espessura

- Uma pitada generosa de folhas de tomilho frescas ou secas

- Pimenta preta

- 1 colher de sopa de vinagre de vinho tinto, dividido

- Cerca de 6 xícaras de vegetais mistos, como mix de primavera, incluindo um pouco de frisée jovem e rúcula

- 2 colheres de sopa de salsa fresca picada, cebolinha, cerefólio ou uma combinação

- 1 colher de óleo de noz

- $\frac{1}{4}$ xícara de pedaços de nozes

Endereços

a) Pré-aqueça a grelha.

b) Pincele as fatias de baguete com um pouco de azeite, coloque-as em uma assadeira e grelhe por cerca de 5 minutos, ou até dourar apenas de um lado. Retire da grelha.

c) Vire o pão torrado e nos lados não torrados, coloque uma fatia ou 2 do queijo de cabra. Quanto você usa por sanduíche vai depender do tamanho das fatias de baguete. Regue a parte superior com um pouco de azeite, polvilhe com o tomilho e a pimenta preta e, em seguida, despeje algumas gotas de vinagre sobre os queijos.

d) Enquanto isso, misture a salada com as ervas picadas e regue com o azeite de noz e o restante do azeite e vinagre, e polvilhe com os pedaços de noz. Disponha em 4 pratos grandes ou em tigelas de sopa rasas.

e) Coloque as torradas cobertas de queijo de cabra sob a grelha e grelhe por cerca de 5 minutos, ou até que o queijo amoleça e a parte superior comece a borbulhar em alguns lugares, a cor do queijo ficando dourada.

f) Coloque imediatamente 3 sanduíches quentes de queijo de cabra em cima da salada temperada em cada prato e sirva imediatamente.

59.   Sanduíches de Halloumicom limão

ELE SERVE4

Ingredientes:

- 1 cabeça Boston Bibb ou alface manteiga, aparada e separada em folhas

- 1 cebola branca macia, descascada e cortada em fatias finas transversalmente

- 4 colheres de sopa de azeite extra virgem, dividido

- 1 colher de chá de vinagre de vinho branco

- 3 tomates grandes maduros, cortados em gomos

- Sal

- Pimenta preta

- $\frac{1}{2}$ baguete, cortada em 12 fatias diagonais com cerca de $\frac{1}{2}$ polegada de espessura

- 12 onças de halloumi, fatiado com cerca de $\frac{1}{2}$ polegada de espessura

- 2 limões, cortados em fatias (ou cerca de 2 colheres de sopa de suco de limão fresco) Uma pitada de orégano seco

Endereços

a) Pré-aqueça a grelha.

b) Em uma tigela grande, misture a alface e a cebola, depois tempere com cerca de 2 colheres de sopa de azeite e vinagre. Divida entre 4 pratos e decore cada um com rodelas de tomate; polvilhe as saladas com sal e pimenta e reserve.

c) Pincele as fatias de baguete com um pouco de azeite, coloque-as em uma assadeira e grelhe levemente dos dois lados. Deixou de lado.

d) Coloque o halloumi em uma assadeira e pincele com um pouco de azeite. Grelhe de um lado até dourar em alguns pontos, depois retire. Vire cada fatia de queijo e coloque em cima da torrada, depois pincele com azeite novamente e volte para a grelha. Grelhe até ficar quente e levemente dourado em alguns pontos.

e) Coloque 3 torradas quentes com cobertura de halloumi em cada salada, esprema o suco de limão sobre o halloumi e deixe um pouco de molho sobre as saladas. Polvilhe com orégano e sirva.

60. trufadoTorradoe salada de rúcula

ELE SERVE4

Ingredientes:

- 4 fatias bem grossas de pain au levain, cada fatia cortada em quartos

- Cerca de 2 colheres de chá de óleo de trufas, ou a gosto (os sabores de diferentes óleos de trufas tendem a variar muito)

- 2 queijos San Marcelino maduros (cerca de $2\frac{1}{2}$ onças cada)

- Uma pitada de sal

- Cerca de 8 onças de folhas jovens de rúcula (cerca de 4 xícaras frouxamente)

- 2 colheres de sopa de azeite extra virgem
Alguns shakes de vinagre de xerez

Endereços

a) Pré-aqueça o forno a 400 ° F.
b) Disponha os pedaços de pain au levain em uma assadeira e toste-os levemente no forno dos dois lados. Retire do forno e polvilhe cada um com um pouco de azeite de trufas, depois

coloque cerca de 1 colher de sopa de queijo San Marcelino em cima de cada torrada.

c) Polvilhe o queijo levemente com uma pitada de sal. Retorne ao forno por alguns instantes.

d) Enquanto isso, disponha a rúcula em 4 pratos. Despeje sobre cada prato um pouco de azeite, um pouco de azeite de trufas e algumas gotas aqui e ali de vinagre de xerez. Não jogue fora, apenas deixe as gotas descansarem nos pratos.

e) Retire as torradas de queijo do forno após apenas 30 a 45 segundos. Você não quer que o queijo derreta completamente ou cresça e fique oleoso; você quer apenas ficar um pouco quente e cremoso.

f) Coloque 4 torradas quentes em cada prato de salada e sirva imediatamente.

61.   Torrada com morangos e cream cheese

ELE SERVE4

Ingredientes:

- 8 fatias médias de pão branco macio e doce, como chalá ou brioche

- 8-12 colheres de sopa (cerca de 8 onças) de queijo creme (baixo teor de gordura é bom)

- Cerca de ½ xícara de geléia de morango

- 1 xícara (cerca de 10 onças) de morangos fatiados

- 2 ovos grandes, levemente batidos

- 1 gema de ovo

- Cerca de ½ xícara de leite (baixo teor de gordura é bom)

- Um toque de extrato de baunilha

- Açúcar

- 2-4 colheres de sopa de manteiga sem sal

- ½ colher de chá de suco de limão fresco

- ½ xícara de creme de leite

- Vários ramos de hortelã fresca, em fatias finas

Endereços

a) Espalhe 4 fatias de pão com o cream cheese em uma camada grossa, afinando um pouco nas laterais para que o cream cheese não escape durante o cozimento, depois espalhe as outras 4 fatias de pão com a geleia.

b) Espalhe uma leve camada de morangos sobre o cream cheese.

c) Cubra cada pedaço de queijo barrado com um pedaço de pão barrado com geleia. Pressione suavemente, mas com firmeza para selar.

d) Em uma tigela rasa, misture os ovos, gema de ovo, leite, extrato de baunilha e cerca de 1 colher de sopa de açúcar.

e) Aqueça uma frigideira antiaderente pesada em fogo médio-alto. Adicione a manteiga. Mergulhe cada sanduíche, 1 de cada vez, na tigela com o leite e o ovo. Deixe de molho por um momento ou 2, depois vire e repita.

f) Coloque os sanduíches na frigideira quente com manteiga derretida e cozinhe até dourar. Vire e doure levemente os segundos lados.

g) Enquanto isso, misture os morangos restantes com açúcar a gosto e suco de limão.

h) Sirva cada sanduíche assim que estiver pronto, guarnecido com uma colher ou duas de morangos e uma colherada de creme de leite.

i) Polvilhe-os com um pouco de hortelã também.

62.   Pudim de pão sanduíches

ELE SERVE4

Ingredientes:

- $\frac{3}{4}$ xícara de açúcar mascavo claro embalado

- $\frac{1}{4}$ xícara de açúcar, dividido

- 5-6 dentes

- 1/8 colher de chá de canela em pó, mais extra para mexer por cima

- 1 maçã granny smith grande, sem casca e cortada em fatias finas

- $\frac{1}{4}$ xícara de passas

- $\frac{1}{2}$ colher de chá de extrato de baunilha

- 8 fatias grossas ($\frac{3}{4}$ a 1 polegada) de pão francês, de preferência amanhecido

- 6 a 8 onças de queijo processado suave, como Jack, ou Cheddar branco muito suave, fatiado

- $\frac{1}{2}$ xícara de amêndoas descascadas ou pinhões em filés

- Cerca de 3 colheres de sopa de manteiga

- 1 colher de azeite

Endereços

a) **eu**Em uma panela de fundo grosso, misture o açúcar mascavo com 2 colheres de sopa de açúcar, cravo e canela. Adicione 2 xícaras de água e mexa para misturar bem.

b) Coloque em fogo médio-alto e deixe ferver, depois reduza o fogo para médio-baixo, até que o líquido borbulhe ligeiramente em fogo baixo. Cozinhe por 15 minutos, ou até formar uma calda. Adicione as fatias de maçã e as passas e cozinhe por mais 5 minutos. Retire do fogo e adicione a baunilha.

c) **PARA**Coloque as fatias de pão em uma superfície de trabalho. Despeje a calda quente sobre cada pedaço de pão, várias colheres de sopa por pedaço. Vire cuidadosamente cada pedaço e despeje a calda quente sobre os segundos lados. Deixe por cerca de 30 minutos.

d) Despeje um pouco mais de calda no pão, novamente cerca de uma colher de sopa por fatia de pão. O pão vai ficar bem macio e corre o risco de se desmanchar ao absorver a calda doce, então tome cuidado ao manuseá-lo. Deixe mais 15 minutos ou mais.

e) Coloque uma fatia de queijo em cima de 4 fatias de pão embebido. Cubra cada um com cerca de $\frac{1}{4}$ das maçãs, passas e uma pitada de amêndoas (reserve algumas para o final). Cubra com as fatias de pão restantes para formar 4 sanduíches. pressione juntos.

f) Aqueça uma frigideira antiaderente pesada em fogo médio-alto e adicione cerca de 1 colher de sopa de manteiga e azeite. Quando a manteiga espumar e dourar, adicione os sanduíches. Reduza o fogo para médio e cozinhe, pressionando suavemente com a espátula. Ajuste o fogo conforme os sanduíches douram, diminuindo conforme necessário para manter o açúcar na calda dourando, mas não queimando.

g) Vire os sanduíches várias vezes, adicionando mais manteiga na frigideira, tomando cuidado para não deixar os sanduíches se desmancharem ao virar. Pressione ocasionalmente, até que a parte externa dos sanduíches esteja dourada e crocante e o queijo tenha derretido.

h) Um ou dois minutos antes de atingirem este estágio, adicione as amêndoas restantes na panela e deixe-as torrar e dourar levemente. Polvilhe os sanduíches e as amêndoas com as 2 colheres de açúcar restantes.

i) Sirva imediatamente, cada sanduíche polvilhado com amêndoas torradas.

63.   Hambúrguer de grãos e queijo

Rendimento: 4 porções

Ingredientes:

- 1 ½ xícara de cogumelos, picados
- ½ xícara de cebolinha verde, picada
- 1 colher de margarina
- ½ xícara de aveia em flocos, normal
- ½ xícara de arroz integral, cozido
- 23 xícara de queijo ralado, mussarela
- ou queijo cheddar
- 3 colheres de nozes picadas
- 3 colheres de requeijão ou ricota
- Baixo em gordura
- 2 ovos grandes
- 2 colheres de salsa picada
- Sal pimenta

Endereços

a) Em uma frigideira antiaderente de 10 a 12 polegadas em fogo médio, cozinhe os cogumelos e as cebolas verdes na margarina até que os legumes estejam macios, cerca de 6 minutos. Adicione a aveia e mexa por 2 minutos.

b) Retire do fogo, deixe esfriar um pouco e adicione o arroz cozido, queijo, nozes, queijo cottage, ovos e salsa. Adicione sal e pimenta a gosto. Em uma assadeira untada de 12x15 polegadas, forme 4 hambúrgueres, cada um com $\frac{1}{2}$ polegada de espessura.

c) Grelhe 3 polegadas do calor, virando uma vez, 6 a 7 minutos no total. Sirva no pão com maionese, anéis de cebola e alface.

64.   Hambúrguer Black Angus com Queijo Cheddar

Rendimento: 1 porções

Ingredientes:

- 2 quilos de carne angus moída
- 3 pimentas poblano assadas, sem sementes e; corte em terços
- 6 fatias de queijo cheddar amarelo
- 6 rolos de hambúrguer
- Alface Baby Red Oak
- cebolas vermelhas em salmoura
- Vinagrete Poblano Chili
- Sal e pimenta preta moída na hora

Endereços

a) Prepare um fogo de lenha ou carvão e deixe-o queimar em brasas.

b) Em uma tigela grande, tempere a carne angus com sal e pimenta. Refrigere até estar pronto para usar. Quando estiver pronto para usar, forme discos de 1 polegada de espessura.

c) Grelhe por cinco minutos de cada lado para cozimento médio. Durante os últimos cinco minutos cubra com queijo cheddar. Quando terminar de grelhar, coloque o hambúrguer no meio do rolo e cubra com carvalho vermelho, pimenta poblano, vinagrete e cebola roxa em conserva. Sirva imediatamente.

65.   Sanduíche de Tomate Grelhado e Queijo Americano

Rendimento: 4 porções

Ingredientes:

- 8 fatias de pão branco
- Manteiga
- mostarda preparada
- 8 fatias de queijo americano
- 8 rodelas de tomate

Endereços

a) Para cada sanduíche, unte com manteiga 2 fatias de pão branco. Pincele os lados sem manteiga com mostarda preparada e coloque 2 fatias de queijo americano e 2 fatias de tomate entre o pão, os lados com manteiga para fora.

b) Doure em uma panela dos dois lados ou grelhe até o queijo derreter.

66.   Maçã assada e queijo

Rendimento: 2 porções

Ingredientes:

- 1 maçã Red Delicious pequena
- $\frac{1}{2}$ xícara de queijo cottage com baixo teor de gordura 1%
- 3 colheres de sopa de cebola roxa bem picada
- 2 muffins ingleses de massa azeda, partidos e torrados
- $\frac{1}{4}$ xícara de migalhas de queijo azul

Endereços

a) Corte a maçã e corte transversalmente em anéis de 4 ($\frac{1}{4}$ de polegada); deixou de lado.

b) Combine queijo cottage e cebola em uma tigela pequena e mexa bem. Espalhe cerca de 2 $\frac{1}{2}$ colheres de sopa da mistura de queijo cottage em cada metade do muffin.

c) Cubra cada metade do muffin com 1 anel de maçã; polvilhe queijo azul desintegrado uniformemente sobre anéis de maçã. Coloque em uma assadeira.

d) Grelhe 3 polegadas do fogo por 1-$\frac{1}{2}$ minutos ou até que o queijo azul esteja derretido.

67.   Pacotes de berinjela grelhada e queijo

Rendimento: 1 porções

Ingredientes:

- beringelas de 250 gramas; corte em fatias
- 4 colheres de azeite
- 250 gramas de queijo de cabra duro
- Raspas e sumo de 1 limão
- 1 20 gramas de salsa fresca; finamente picado
- 1 15 gramas de folhas de manjericão; despedaçado
- Sal e pimenta preta moída na hora

Endereços

a) Pré-aqueça a grelha em fogo moderado.

b) Coloque as fatias de berinjela em uma panela e pincele levemente com 1-2 colheres de sopa de óleo. Cozinhe por 2-3 minutos de cada lado ou até dourar e ficar macio. Deixar esfriar.

c) Em uma tigela, misture o queijo em cubos com as raspas e suco de limão e um pouco de salsa e manjericão.

d) Coloque um pedaço de queijo em uma fatia de berinjela. Enrole e prenda com um palito de coquetel. Repita este processo até usar todos os ingredientes.

e) Coloque os pãezinhos em uma tigela, regue com o azeite restante e polvilhe com as ervas restantes e tempere.

68. Sanduíches de queijo azul grelhado com nozes

Rendimento: 1 porções

Ingredientes:

- 1 xícara de queijo azul esfarelado; (cerca de 8 onças)

- $\frac{1}{2}$ xícara de nozes torradas bem picadas

- 16 fatias de pão integral; aparado em

- ; 3 polegadas sem casca

- ; Rede

- 16 raminhos de agrião pequeno

- 6 colheres de manteiga; (3/4 vara)

Endereços

a) Divida o queijo e as nozes uniformemente entre 8 quadrados de pão. Cubra cada um com 2 raminhos de agrião.

b) Polvilhe com pimenta e cubra com os quadrados de pão restantes, fazendo um total de 8 sanduíches. Pressione juntos suavemente para aderir. (Pode ser feito com 4 horas de antecedência. Cubra e resfrie.)

c) Derreta 3 colheres de sopa de manteiga em uma frigideira antiaderente grande ou grelha em fogo médio. Cozinhe 4 sanduíches na chapa até dourar e o queijo derreter, cerca de 3 minutos de cada lado.

d) Transfira para a tábua de cortar. Repita com as 3 colheres restantes de manteiga e todos os 4 sanduíches.

e) Corte os sanduíches na diagonal ao meio. Transfira para pratos e sirva.

69.   Sanduíches de Presunto e Cheddar Grelhados

Rendimento: 1 porções

Ingredientes:

- $\frac{1}{4}$ xícara (1/2 tablete) de manteiga; temperatura ambiente

- 1 colher de sopa de mostarda Dijon

- 2 colheres de chá de tomilho fresco picado

- 2 colheres de chá de salsa fresca picada

- 8 fatias de pão estilo country de 6x4 polegadas; (cerca de 1/2 polegada de espessura)

- $\frac{1}{2}$ quilo de queijo Cheddar; em fatias finas

- $\frac{1}{4}$ libra de presunto defumado em fatias finas

- $\frac{1}{2}$ cebola roxa pequena; em fatias finas

- 1 tomate grande; em fatias finas

Endereços

a) Misture os 4 primeiros ingredientes em uma tigela. Tempere com sal e pimenta. Coloque 4 fatias de pão na superfície de trabalho.

b) Divida metade do queijo uniformemente entre as fatias de pão. Cubra com o presunto, depois a cebola, o tomate e o queijo restante. Top sanduíches com pão restante. Espalhe manteiga de ervas do lado de fora da parte superior e inferior do sanduíche.

c) Aqueça uma frigideira antiaderente grande em fogo médio. Adicione os sanduíches e cozinhe até que os fundos estejam dourados, cerca de 3 minutos. Vire os sanduíches, tampe a frigideira e cozinhe até o queijo derreter e o pão dourar, cerca de 3 minutos.

70.   Bacon grelhado e queijo Fiesta

Rendimento: 100 porções

Ingredientes:

- 12 quilos de bacon; fatiado
- 5 3/16 libras de queijo
- 2 libras de manteiga impressa segura
- 200 fatias de pão

Endereços

a) Bacon frito

b) Coloque 1 fatia de queijo e 2 fatias de bacon em cada sanduíche.

c) Pincele levemente a parte superior e inferior dos sanduíches com manteiga ou margarina.

d) Grelhe até os sanduíches ficarem levemente dourados de cada lado e o queijo derreter.

71.   Bruschetta de queijo grelhado

Rendimento: 4 porções

Ingredientes:

- 8 fatias grossas (1/2 polegada) de pão rural
- $\frac{1}{4}$ xícara de azeite misturado com 4 dentes de alho esmagados
- 1 xícara de queijo Monterey Jack ralado fino
- 8 onças de queijo de cabra macio
- 2 colheres de sopa de pimenta preta moída grosseiramente
- 2 colheres de orégano bem picado

Endereços

a) Pré-aqueça a grelha. Pincele cada fatia de pão com o óleo de alho. Grelhe, com o lado do óleo para baixo, até dourar levemente.

b) Vire cada fatia e cubra com 2 colheres de sopa de Monterey Jack, 1 onça de queijo de cabra, pimenta preta e orégano.

c) Grelhe até que o queijo comece a derreter.

72.   Gobblers de queijo grelhado

Rendimento: 4 porções

Ingredientes:

- 8 fatias de massa azeda ou multigrãos
- Pão de forma
- $\frac{1}{2}$ xícara de molho de cranberry
- 6 onças de peru, cozido e fatiado
- 4 onças de queijo Cheddar, macio ou
- Afiado, em fatias finas
- Manteiga

Endereços

a) Espalhe 4 fatias de pão com molho de cranberry: Cubra com peru, queijo e as fatias de pão restantes.

b) Levemente manteiga fora dos sanduíches; cozinhe em uma frigideira grande em fogo médio-baixo até dourar dos dois lados.

73. Queijo grelhado na torrada francesa

Rendimento: 4 porções

Ingredientes:

- 2 ovos - batidos
- $\frac{1}{4}$ xícara de leite
- $\frac{1}{4}$ xícara de xerez seco
- $\frac{1}{4}$ colher de chá de molho inglês
- 8 fatias de pão branco ou integral
- 4 fatias de queijo cheddar

Endereços

a) Em uma tigela rasa, misture os ovos, leite, xerez e Worcestershire.

b) Monte 4 sanduíches de queijo, mergulhe cada um na mistura de ovos e grelhe lentamente na manteiga, virando uma vez para dourar os dois lados.

74. pão de queijo grelhado

Rendimento: 10 porções

Ingredientes:

- 1 pacote (3 onças) de cream cheese; suavizado
- 2 colheres de manteiga ou margarina; suavizado
- 1 xícara de queijo mussarela ralado
- $\frac{1}{4}$ xícara de cebolinha verde picada com tops
- $\frac{1}{2}$ colher de chá de sal de alho
- 1 pão francês; fatiado

Endereços

a) Em uma tigela, bata o cream cheese e a manteiga. Adicione o queijo, a cebola e o sal de alho; misture bem. Espalhe em ambos os lados de cada fatia de pão. Enrole o pão em um pedaço grande de papel alumínio resistente; selar hermeticamente.

b) Grelhe, coberto, em brasas médias por 8-10 minutos, virando uma vez. Desembrulhe a folha; assar mais 5 minutos.

75.   Sanduíche de Queijo Grelhado

Rendimento: 4 porções

Ingredientes:

- 1 ovo
- 1 xícara de leite
- $\frac{3}{4}$ xícara de farinha
- 2 $\frac{1}{2}$ xícaras de queijo meunster, ralado
- $\frac{1}{2}$ colher de chá de sal
- 2 xícaras de presunto, bacon esfarelado --
- em cubos
- $\frac{1}{8}$ colher de chá de pimenta
- Cogumelo
- 1 colher de chá de orégano
- Pimentas

Endereços

a) Em uma tigela pequena, misture o ovo, a farinha, o sal, a pimenta e metade do leite.

b) Usando um batedor rotativo, bata até ficar homogêneo. Adicione o leite restante e bata até misturar bem. Adicione metade do queijo e presunto ou bacon e despeje em uma assadeira de 8 polegadas bem untada ou assadeira de 2 litros.

c) Asse a 425F por 30 minutos. Polvilhe o queijo restante por cima e leve ao forno até o queijo derreter (2 minutos)

76.   Queijo grelhado com alcachofras

Rendimento: 4 porções

Ingredientes:

- 2 colheres de chá de mostarda Dijon
- 8 onças de rolos de sanduíche, (4 rolos) divididos e torrados
- $\frac{3}{4}$ onça fatias de queijo americano sem gordura (8 fatias)
- 1 xícara de corações de alcachofra em conserva fatiados escorridos
- 1 tomate, fatiado 1/4" de espessura
- 2 colheres de sopa de molho italiano sem óleo

Endereços

a) Espalhe $\frac{1}{2}$ colher de chá de mostarda na metade superior de cada rolinho; deixou de lado.

b) Coloque as metades inferiores dos pãezinhos na assadeira. Cubra cada um com 2 fatias de queijo, $\frac{1}{4}$ xícara de alcachofra fatiada e 2 fatias de tomate; regue cada um com 1-$\frac{1}{2}$ colheres de chá de molho. Grelhe por 2 minutos ou até o queijo derreter. Cubra com a parte de cima dos rolinhos. Rendimento: 4 porções.

77. Queijo grelhado com molho de azeitona

Rendimento: 1 porções

Ingredientes:

- 2 fatias de pão branco ou clara de ovo; (Puxar)
- pequena quantidade de maionese
- queijo suíço
- Fatias finas de tomate maduro
- Sal e pimenta

Endereços

a) Regue cada fatia de pão com azeite e um pouco de maionese.

b) Sanduíche uma ou duas fatias de queijo entre o pão, com ou sem uma fatia de tomate.

c) Refogue ou grelhe o sanduíche de cada lado até o queijo derreter.

78.   Queijo grelhado com peru defumado
e abacate

Rendimento: 1 porções

Ingredientes:

- 3 onças de mussarela de leite integral
- $\frac{1}{2}$ abacate firme e maduro da Califórnia
- 2 colheres de manteiga sem sal; suavizado
- 4 fatias de pão de centeio integral firme
- 1 colher de sopa de mostarda Dijon
- 6 onças de peru defumado em fatias finas
- Pode ser preparado em 45 minutos ou menos.

Endereços

a) Unte um lado de cada fatia de pão com manteiga e vire as fatias.

b) Espalhe a mostarda nas fatias de pão e cubra 2 fatias com queijo mussarela, abacate e peru.

c) Tempere o peru com sal e pimenta e cubra com as 2 fatias de pão restantes, com a manteiga para cima.

d) Aqueça uma frigideira pesada em fogo
    moderado até ficar quente, mas sem fumaça, e
    cozinhe os sanduíches até que o pão esteja
    crocante e o queijo derretido, cerca de $1\frac{1}{2}$
    minuto de cada lado.

e) Sirva sanduíches com salada de pepino.

79.   Frango grelhado na torrada de queijo de cabra

Rendimento: 1 porções

Ingredientes:

- 125 gramas de queijo de cabra
- 1 dente de alho; esmagado
- Meio limão; entusiasmo de
- 50 gramas de azeitonas pretas; apedrejado e picado
- 1 peito de frango
- Azeite de oliva
- 1 fatia de pão rural
- Algumas folhas planas de salsa
- 1 chalota pequena; fatiado

Endereços

a) Junte os quatro primeiros ingredientes e reserve.

b) Tempere o frango, pincele com azeite e grelhe por 6-8 minutos de cada lado ou até ficar cozido.

c) Grelhe o pão e espalhe sobre a mistura de queijo. Corte o frango e coloque por cima.

d) Por fim, regue a salsa e a chalota em um pouco de azeite e coloque por cima.

80. Sanduíche de Queijo Chipotle Grelhado

Rendimento: 2 porções

Ingredientes:

- 4 fatias de pão branco ou integral
- 2 colheres de chá de pimenta chipotle em puré
- 5 onças de queijo, ralado ou finamente
- 1 tomate maduro, fatiado
- Cebola roxa em fatias finas
- Folhas de coentro, picadas grosseiramente
- picado
- manteiga amolecida

Endereços

a) ESPALHE CADA PEDAÇO DE PÃO com uma fina camada de purê de pimenta, ou mais, se você gosta de seu sanduíche muito picante.

b) Cubra a fatia de baixo com uma camada de queijo, fatias de tomate e cebola e quanto coentro você quiser. Cubra com a segunda fatia de pão e manteiga.

c) Coloque o sanduíche, com a manteiga para baixo, em uma frigideira de ferro fundido. Passe manteiga no topo do pão também e cozinhe o sanduíche lentamente.

d) Quando estiver dourado no fundo, vire e cozinhe do outro lado. Cobrir a panela ajudará a derreter o queijo quando o pão estiver crocante e dourado.

e) Coma imediatamente.

83. Peitos de frango grelhados recheados com queijo duplo

Rendimento: 4 porções

Ingredientes:

- 3 onças de queijo creme, amolecido
- $\frac{1}{2}$ xícara de migalhas de queijo azul
- $\frac{1}{4}$ xícara de nozes picadas
- 3 colheres de cebolinha, divididas
- $\frac{3}{4}$ colher de chá de pimenta, dividida
- 8 peitos de frango desossados e sem pele
- $\frac{1}{2}$ xícara de manteiga
- 1 dente de alho, grande, picado

Endereços

a) Combine queijos, nozes, 1 colher de sopa de cebolinha e $\frac{1}{4}$ colher de chá de pimenta; deixou de lado. Bata os peitos de frango até ficarem uniformemente grossos, cerca de $\frac{1}{4}$ de polegada.

b) Espalhe cerca de 1 colher de sopa de mistura de queijo no centro de 4 metades de peito de frango, deixando uma borda de $\frac{1}{2}$ polegada em todos os lados; reserve a mistura de queijo restante.

c) Cubra com as metades restantes do peito.

d) Sele as bordas com segurança batendo-as com um moedor de carne. Misture a manteiga, o alho, as 2 colheres de sopa restantes de cebolinha e $\frac{1}{2}$ colher de chá de pimenta em uma panela pequena. Aqueça em fogo médio-baixo até que a manteiga derreta. Afaste-se do calor. Pincele o frango generosamente com a mistura de manteiga.

e) Coloque o frango na grelha sobre brasas médias; grelhe descoberto por 12 a 16 minutos, virando uma vez, ou até que o frango esteja cozido e os sucos fiquem claros.

f) No final do tempo de cozimento, coloque uma colher de sopa da mistura de queijo restante em cada porção. Sirva imediatamente.

84. Bife grelhado com queijo azul

Rendimento: 4 porções

Ingredientes:

- 3 a 4 onças de queijo azul, desintegrado
- 6 gemas
- 1 colher de chá de Emeril's Worcestershire
- molho
- suco de 1 limão
- sal e preto rachado
- Pimenta
- $\frac{1}{2}$ xícara de creme de leite
- 6 (8 onças) bifes de carne
- 2 colheres de azeite
- Essência
- $1\frac{1}{2}$ libras de batatas novas, cortadas em quatro
- 1 tablete de manteiga (8 colheres de sopa)
- Ao cubo
- Sal a gosto
- $\frac{1}{2}$ xícara de creme de leite

- 1 quilo de bacon crocante, picado
- ½ xícara de creme de leite
- 3 xícaras de Emeril's Caseiro
- molho inglês
- Segue
- 2 colheres de cebolinha verde picada

Endereços

a) Em um processador de alimentos equipado com uma lâmina de metal, bata o queijo, as gemas, o molho inglês e o suco de 1 limão até ficar homogêneo, cerca de 2 minutos. Tempere com sal e pimenta do reino.

b) Com a máquina em funcionamento, adicione lentamente ½ xícara de creme de leite e misture até ficar aveludado e cremoso.

c) Se o queijo não tiver uma textura de fita, adicione um pouco mais de creme. Tempere os dois lados dos filés com 1 colher de sopa de azeite, sal e pimenta do reino moída. Em uma frigideira grande, aqueça o azeite restante.

d) Quando o óleo estiver quente, doure os filés por 2 minutos de todos os lados. Retire os filés da frigideira e coloque-os em uma assadeira forrada com papel manteiga.

e) Despeje o queijo sobre cada filé. Coloque os filés no forno e asse por 8 a 10 minutos para que fiquem no ponto médio. Coloque as batatas na panela e cubra com água. Tempere a água com sal. Leve o líquido para ferver e reduza para ferver.

f) Cozinhe as batatas até ficarem macias, cerca de 10 minutos. Retire as batatas do fogo e escorra. Retorne as batatas para a frigideira.

g) Coloque a panela de volta no fogão, em fogo médio, e mexa as batatas por 1 minuto, isso removerá o excesso de água das batatas. Adicione a manteiga e o creme de leite. Tempere com sal e pimenta. Amasse as batatas até ficarem levemente macias. Dobre o bacon e o creme de leite no purê de batatas.

h) Retempere as batatas, se necessário. Para servir, empilhe as batatas no centro de cada prato. Coloque os filés diretamente sobre as batatas. Despeje o molho restante da panela sobre cada filé. Despeje o molho inglês sobre cada filé. Decore com cebolinha verde.

85. Sanduíches de queijo fantasma de abóbora grelhada

Rendimento: 16 porções

Ingredientes:

- 16 fatias de pão branco ou integral
- 8 fatias de queijo branco Jack
- 4 azeitonas pretas grandes sem caroço
- 8 fatias de queijo cheddar
- 1 lata de azeitonas pretas picadas
- 4 azeitonas verdes grandes sem caroço
- 12 fatias de pimentão

Endereços

a) Pressione o cortador de biscoitos fantasma em 1 fatia de pão. Corte e descarte o excesso de pão ao redor do cortador; coloque o pedaço de pão em forma de fantasma de lado. Repita com mais 7 fatias de pão. Usando um cortador de biscoito de abóbora, corte o pão restante em formas de abóbora da mesma maneira.

b) Torre os "fantasmas" e "abóboras" sob a grelha até dourar, cerca de 1 minuto. Vire e repita do outro lado.

c) Retire o pão do forno e reserve. Use um cortador de biscoitos fantasma para cortar 8 formas fantasmas de fatias de queijo branco. Usando uma faca pequena e afiada, corte dois orifícios para os olhos em cada fatia de queijo branco. Certifique-se de que os "olhos" sejam grandes o suficiente para ficarem abertos quando o queijo derreter. Corte as azeitonas pretas ao meio no sentido do comprimento.

d) Coloque as fatias de pão fantasma onde os olhos fantasmas irão. Coloque 1 fatia de queijo branco em forma de fantasma em 1 fatia de pão fantasma com orifícios para os olhos em cima das azeitonas. Repita com o resto do pão fantasma e queijo branco.

e) Use um cortador de biscoito de abóbora para cortar 8 formas de abóbora de fatias de queijo laranja. Corte 2 furos para os olhos e a boca em cada fatia de queijo. Cubra as fatias de pão de abóbora com azeitonas pretas picadas. Corte as azeitonas verdes ao meio no sentido do comprimento.

f) Coloque uma fatia de azeitona verde no caule e corte para caber. Coloque o queijo de laranja sobre o pão e as azeitonas. Coloque fatias de pimenta no orifício da boca para a boca.

g) Arrume todos os sanduíches em uma assadeira e coloque na grelha até que o queijo esteja levemente derretido, 1 a 2 minutos. Faz 16 sanduíches.

86. Queijo de cabra grelhado em folhas de uva frescas

Rendimento: 16 porções

Ingredientes:

- 16 folhas grandes de uva fresca e tenra
- (ou folhas de uva embaladas em salmoura)
- 1 libra de queijo de cabra friável, como Montrachet
- $\frac{1}{2}$ xícara de azeite extra virgem; mais
- 1 colher de sopa de azeite extra virgem
- pimenta preta moída na hora

Endereços

a) Mergulhe as folhas de uva frescas em água gelada por pelo menos 30 minutos. Secar antes de usar. Lave as folhas em salmoura, se estiver usando, e seque.

b) Rale o queijo e 1 colher de sopa de óleo. Deixou de lado. Retire os talos das folhas de uva.

c) Despeje o restante $\frac{1}{2}$ xícara de óleo em um prato raso. Mergulhe o fundo opaco de 1 folha no óleo. Coloque a lâmina, com o lado lubrificado para cima, em sua superfície de trabalho. Coloque 1 colher de sopa de mistura de queijo no centro da folha e tempere com uma moagem generosa de pimenta.

d) Dobre os lados e as extremidades superior e inferior da folha sobre o queijo para formar um quadrado. Coloque o lado da costura para baixo em um prato limpo. Repita com as folhas restantes.

e) Grelhe sobre brasas em fogo médio, com a emenda voltada para baixo, até que as folhas não fiquem mais verdes e bem marcadas, cerca de 2 minutos. Vire e grelhe do outro lado por cerca de 2 minutos. Ou assar perto de uma fonte de calor. Rende 16 folhas.

87. queijo grelhado italiano

Rendimento: 4 porções

Ingredientes:

- 4 fatias de pão italiano; 1 polegada de espessura

- 4 fatias de queijo mussarela ou queijo provolone

- 3 ovos

- $\frac{1}{2}$ xícara de leite

- $\frac{3}{4}$ colher de chá de tempero italiano

- $\frac{1}{2}$ colher de chá de sal de alho

- 23xícara de farinha de rosca ao estilo italiano Economize $

Endereços

a) Corte um bolso de 3 polegadas em cada fatia de pão; coloque uma fatia de queijo em cada bolso. Em uma tigela, misture os ovos, o leite, o tempero italiano e o sal de alho; Deixe o pão de molho por 2 minutos de cada lado. Cubra com farinha de rosca.

b) Cozinhe em uma frigideira untada e quente até dourar dos dois lados.

88. Sanduíche aberto de tomate e queijo

Rendimento: 3 porções

- 3 fatias de pão orgânico cortadas em círculos grossos de 1"

- 1 tomate; fatiado 1/2" de espessura

- 6 fatias de queijo cheddar branco; corte em triângulos

- Sal; gosto

- pimenta preta moída na hora; gosto

Endereços

a) Torre as rodelas de pão em uma torradeira. Coloque o queijo cheddar em cima das rodelas de pão.

b) Leve-os ao forno até o queijo derreter.

c) Cubra o queijo com fatias de tomate. Tempere com sal e pimenta a gosto. Participar. Faz 3 sanduíches abertos.

89. Sourdough, tomate, queijo vermelho e azul

Rendimento: 4 porções

Ingredientes:

- 1 tomate bife vermelho grande; fatiado
- 1 tomate bife amarelo grande; fatiado
- 1 cebola bermuda vermelha grande; fatiado
- $\frac{1}{4}$ xícara de azeite
- 2 colheres de sopa de orégano seco
- Sal; gosto
- pimenta preta moída na hora; gosto
- 1 pão de forma amanteigada; fatiado
- Manteiga; à temperatura ambiente
- 2 colheres de sopa de folhas frescas de alecrim; picado
- pimenta preta moída na hora
- 1 maço pequeno de folhas de rúcula; bem lavado
- 8 onças de queijo azul; desmoronado

Endereços

a) Pincele os tomates e as rodelas de cebola com azeite, polvilhe com orégãos e tempere com sal e pimenta. Grelhe os legumes rapidamente dos dois lados até ficarem bem carbonizados. Torre as fatias de massa fermentada em uma torradeira ou sob uma grelha.

b) Espalhe uma leve camada de manteiga amolecida na torrada, polvilhe o alecrim picado no pão com manteiga e polvilhe levemente com pimenta preta.

c) Faça os sanduíches colocando as folhas de rúcula, o tomate assado e a cebola em cima de metade das fatias de massa azeda tostadas. Reserve o pão sem recheio para os topos dos sanduíches. Espalhe o queijo azul esfarelado sobre os legumes e passe rapidamente os sanduíches abertos sob uma grelha.

d) Cubra com outra fatia de pão torrado e sirva.

90. Portobello Po'Boys

4 po'boys atrás

Ingredientes:

- 3 colheres de azeite
- 4 tampas de cogumelos Portobello, levemente enxaguadas, secas e cortadas em pedaços de 1 polegada
- 1 colher de chá de tempero cajun
- Sal e pimenta preta moída na hora
- $1/4$ xícara de maionese vegana
- 4 pães de sanduíche crocantes, cortados ao meio na horizontal
- 4 rodelas de tomate maduro
- $11/2$ xícaras de alface romana ralada
- molho tabasco

Endereços

a) Em uma frigideira grande, aqueça o azeite em fogo médio. Adicione os cogumelos e cozinhe até dourar e ficar macio, cerca de 8 minutos.

b) Tempere com tempero cajun e sal e pimenta a gosto. Deixou de lado.

c) Espalhe maionese nas laterais cortadas de cada um dos rolinhos.

d) Coloque uma fatia de tomate no fundo de cada rolo, cubra com alface picada. Disponha os pedaços de cogumelos por cima, polvilhe com Tabasco a gosto, cubra com a outra metade do rolo e sirva.

91. Sanduíches de Bulgur desleixados

Rende 4 sanduíches

Ingredientes:

- $1\frac{3}{4}$ xícaras de água

- 1 xícara de bulgur médio moído

- Sal

- 1 colher de azeite

- 1 cebola roxa pequena, picada

- 1/2 pimentão vermelho médio, picado

- (14,5 onças) tomates esmagados enlatados

- 1 colher de açúcar

- 1 colher de sopa de mostarda amarela ou marrom quente

- 2 colheres de chá de molho de soja

- 1 colher de chá de pimenta em pó

- pimenta preta moída na hora

- 4 rolos de sanduíche, cortados ao meio na horizontal

Endereços

a) Em uma panela grande, leve a água para ferver em fogo alto. Adicione o bulgur e levemente sal e pimenta a água. Cubra, retire do fogo e reserve até que o bulgur amoleça e a água seja absorvida, cerca de 20 minutos.

b) Enquanto isso, em uma frigideira grande, aqueça o óleo em fogo médio. Adicione a cebola e o pimentão, tampe e cozinhe até ficar macio, cerca de 7 minutos. Adicione os tomates, açúcar, mostarda, molho de soja, pimenta em pó e sal e pimenta-do-reino a gosto. Cozinhe em fogo baixo por 10 minutos, mexendo sempre.

c) Despeje a mistura de bulgur na metade inferior de cada um dos rolinhos, cubra com a outra metade e sirva.

92. Sanduíches de Muffaletta

Rende 4 sanduíches

Ingredientes:

- 1 xícara de azeitonas kalamata sem caroço picadas

- 1 xícara de azeitonas verdes recheadas com pimentão picado

- 1/2 xícara de pepperoncini picado (pimentão em conserva)

- 1/2 xícara de pimentão vermelho assado em lata

- 2 colheres de alcaparras

- 3 cebolinhas verdes, picadas

- 3 tomates ameixa, picados

- 2 colheres de sopa de salsa fresca picada

- 1/2 colher de chá de manjerona seca

- 1/2 colher de chá de tomilho seco

- 1/4 xícara de azeite

- 2 colheres de vinagre de vinho branco

- Sal e pimenta preta moída na hora

- 4 pães de sanduíche crocantes, cortados ao meio na horizontal

Endereços

a) Em uma tigela média, misture as azeitonas kalamata, azeitonas verdes, pepperoncini, pimentão vermelho, alcaparras, cebolinha, tomate, salsa, manjerona, tomilho, azeite, vinagre, sal e pimenta-do-reino a gosto Deixou de lado.

b) Retire um pouco do interior dos rolinhos de sanduíche para dar espaço para o recheio. Despeje a mistura de recheio na metade inferior dos pãezinhos, embalando levemente. Cubra com as metades restantes do rolo e sirva.

ACESSÓRIOS

93. Sopa de tomate

para 4 pessoas

Ingredientes:

- 1 colher de manteiga

- 1 cebola picada

- 1 dente de alho, picado

- 1 $\frac{1}{2}$ colheres de chá de farinha

- 3 xícaras de caldo de galinha ou de legumes

- 14 onças de tomates enlatados

- 1 folha de louro

- Sal

- Pimenta preta

- 2 colheres de sopa de pesto de manjericão

- 1-2 colheres de sopa de creme de leite

- 8-12 folhas de manjericão fresco, cortadas em pedaços pequenos

Endereços

a) Derreta a manteiga em uma panela grande de fundo grosso, adicione a cebola e o alho e cozinhe suavemente em fogo médio-baixo, até amolecer e dourar, mas não dourar.

b) Polvilhe a farinha e cozinhe, mexendo, cerca de 1 minuto, depois despeje o caldo e adicione os tomates com seus sucos, bem como a folha de louro, sal e pimenta a gosto. Deixe ferver, reduza o fogo para baixo, tampe a panela e cozinhe por 15 a 20 minutos.

c) Retire a folha de louro e descarte. Usando uma escumadeira, remova os sólidos da sopa para um processador de alimentos ou liquidificador e bata, adicionando tanto líquido quanto necessário para obter uma mistura homogênea. Retorne o purê à panela, mexendo para combinar com o líquido restante.

d) Aqueça, adicione o pesto, prove os temperos e sirva. Decore cada tigela com um fio de creme ou um montão de crème fraîche e algumas folhas de manjericão fresco.

94. Pão de abobrinha de verão

Faz cerca de 4 frascos de quart

Ingredientes:

- Completamente delicioso com os favoritos do verão americano, como hambúrgueres grelhados ou atum derretido.

- 4 a 5 libras de abobrinha ou abobrinha (qualquer tamanho), fatiada ou pedaços de $\frac{1}{4}$ a $\frac{1}{2}$ polegada

- 6 cebolas brancas, cortadas longitudinalmente

- 1 pimentão verde, picado

- 1 pimentão vermelho picado

- 5 dentes de alho, fatiados

- $\frac{1}{2}$ xícara de sal grosso

- Cerca de 3 xícaras de gelo picado grosso

- 5 xícaras de açúcar mascavo embalado

- 3 xícaras de vinagre de cidra

- 3 colheres de sopa de sementes de mostarda

- 1 colher de cúrcuma

- 1 colher de sopa de sementes de aipo

Endereços

a) Em uma tigela grande ou panela não reativa, misture a abobrinha, a cebola, o pimentão e o alho com o sal e o gelo. Mexa bem e deixe descansar por 3 horas. Escorra o líquido dos legumes.

b) Em uma panela grande, pesada e não reativa, misture os vegetais escorridos com o açúcar mascavo, vinagre de cidra, sementes de mostarda, açafrão e sementes de aipo.

c) Aquecer juntos até ferver. Sirva em frascos esterilizados e feche de acordo com as instruções do frasco.

95. Pimentas assadas agridoces

Rende cerca de 2 xícaras

Ingredientes:

- 3 pimentões vermelhos ou 2 pimentões vermelhos e 1 amarelo

- Cerca de 2 colheres de sopa de vinho branco suave ou vinagre de vinho tinto

- 1 dente de alho, picado

- 1 colher de chá de açúcar Sal

Endereços

a) Grelhe os pimentões sobre uma chama aberta em cima de um fogão a gás ou sob a grelha.

b) Coloque os pimentões perto da fonte de calor e vire-os enquanto cozinham, deixando-os carbonizar uniformemente.

c) Retire os pimentões do fogo e coloque-os em um saco plástico ou tigela. Feche ou tampe bem e cozinhe no vapor por pelo menos 30 minutos; o vapor vai separar a pele da carne dos pimentões. As pimentas podem ser deixadas em sua bolsa ou tigela até a noite.

d) Retire e descarte a pele preta carbonizada dos pimentões e, em seguida, remova os caules e as sementes. Lave a maioria dos pequenos pedaços de material preto carbonizado da carne, passando-os sob água corrente e esfregando aqui e ali. Algumas manchas de pele enegrecida, bem como quaisquer áreas restantes de pimenta com casca, estão bem.

e) Fatie os pimentões e coloque-os em uma tigela com o vinagre, alho, açúcar, uma grande pitada de sal e cerca de 1 colher de sopa de água. Cubra bem e leve à geladeira por pelo menos um dia.

96. chutney-curry mostarda

rende $\frac{1}{2}$ xícara

Ingredientes:

- $\frac{1}{4}$ xícara de mostarda Dijon suave ou integral com 1 xícara de chutney de manga

- $\frac{1}{2}$ colher de chá de curry em pó

Endereços

a) Combine tudo.
b) Desfrutar.

97. Mostarda com cebolinha e cebolinha

Rende $\frac{1}{4}$ xícara

Ingredientes:

- $\frac{1}{4}$ xícara de mostarda Dijon suave

- 1-2 chalotas, finamente picadas

- 2 colheres de cebolinha fresca picada

Endereços

c) Combine tudo.
d) Desfrutar.

98. mostarda de gengibre fresco

Rende cerca de $\frac{1}{4}$ xícara

- 2 colheres de sopa de mostarda Dijon suave
- 2-3 colheres de sopa de mostarda integral
- 1-2 colheres de chá de gengibre descascado ralado na hora, a gosto

Endereços

a) Combine tudo.
b) Desfrutar.

99. Mostarda cítrica ensolarada

Rende cerca de $\frac{1}{4}$ xícara

Ingredientes:

- $\frac{1}{4}$ xícara de mostarda Dijon suave

- $\frac{1}{2}$ colher de chá de raspas de limão ou lima finamente raladas

- 1-2 colheres de chá de suco de limão ou lima fresco

Endereços

a) Combine tudo.
b) Desfrutar.

100. Mostarda provençal com pimenta vermelha e alho

Rende cerca de $\frac{1}{4}$ xícara

Ingredientes:

- 3 colheres de sopa de mostarda Dijon suave

- 1 colher de sopa de pimentão vermelho torrado bem picadinho

- 1 dente de alho, finamente picado

- Uma grande pitada de ervas de Provence

Endereços

a) Combine tudo.
b) Desfrutar.

CONCLUSÃO

O humilde queijo grelhado é um daqueles alimentos que prezamos quando crianças, mas nunca pensamos sobre por que ele tem tanto controle sobre nossas papilas gustativas. ... é por causa do quinto sabor, umami, e especificamente um aminoácido que estimula nossas papilas gustativas a experimentar o sabor único de um sanduíche de queijo grelhado.

CPSIA information can be obtained
at www.ICGtesting.com
Printed in the USA
BVHW091745150222
629082BV00003B/51